CB140908

HISTÓRIAS

Livro II - Euterpe

O livro é a porta que
se abre para a realização do homem.

Jair Lot Vieira

Heródoto

HISTÓRIAS

Livro II - Euterpe

Tradução, introdução e notas
Maria Aparecida de Oliveira Silva

Graduada em História. Mestre em História
Econômica e Doutora em História Social (USP)
Pós-Doutora em Estudos Literários (UNESP)
Pós-Doutora em Letras Clássicas (USP)

edipro

HISTÓRIAS – LIVRO II – EUTERPE

HERÓDOTO

TRADUÇÃO, INTRODUÇÃO E NOTAS:
Maria Aparecida de Oliveira Silva

1ª Edição 2016

© desta tradução: *Edipro Edições Profissionais Ltda. – CNPJ nº 47.640.982/0001-40*

Todos os direitos reservados. Nenhuma parte deste livro poderá ser reproduzida ou transmitida de qualquer forma ou por quaisquer meios, eletrônicos ou mecânicos, incluindo fotocópia, gravação ou qualquer sistema de armazenamento e recuperação de informações, sem permissão por escrito do Editor.

Editores: Jair Lot Vieira e Maíra Lot Vieira Micales
Produção editorial: Fernanda Rizzo Sanchez
Revisão: Fernanda Godoy Tarcinalli e Texto & Contexto | Comunicação Editorial
Editoração eletrônica: Estúdio Design do Livro
Projeto gráfico e arte da capa: Marcela Badolatto | Studio Mandragora
Imagem da capa: Euterpe, por Simon Vouet, 1630

Dados Internacionais de Catalogação na Publicação (CIP)
(Câmara Brasileira do Livro, SP, Brasil)

Heródoto, 484-425.
Histórias: livro II, Euterpe / Heródoto ; tradução, introdução e notas Maria Aparecida de Oliveira Silva. – São Paulo : Edipro, 2016.

ISBN 978-85-7283-933-4

1. História antiga 2. Grécia - História I. Título.

15-04668 CDD-930

Índice para catálogo sistemático:
1. História antiga : 930

CÓPIA NÃO AUTORIZADA É CRIME
ABDR
ASSOCIAÇÃO BRASILEIRA DE DIREITOS REPROGRÁFICOS
RESPEITE O DIREITO AUTORAL
EDITORA AFILIADA

edipro

São Paulo: Fone (11) 3107-4788 • Fax (11) 3107-0061
Bauru: Fone (14) 3234-4121 • Fax (14) 3234-4122
www.edipro.com.br

Sumário

Introdução ao Livro II - Euterpe

I. Estrutura do Livro II – Euterpe

A estrutura narrativa do Livro II das *Histórias* de Heródoto é composta por duas grandes temáticas centrais, com subdivisões bastante conhecidas pelos especialistas em historiografia antiga. A primeira parte trata da descrição geográfica do Egito (II, 1-98), enquanto a segunda é destinada à descrição histórica do Egito (II, 99-182). Ambas as partes estão subdivididas em tópicos com temáticas distintas. Na parte voltada para a descrição geográfica, temos uma breve introdução ao tema (II, 1-4); descrição da geografia física (II, 5-34); dados etnográficos (II, 35-98); relatos sobre os costumes religiosos (II, 37-64); a zoologia dos animais sagrados (II, 65-76); e a vida cotidiana e técnica dos egípcios (II, 77-98). Já a segunda parte, reservada às crônicas e histórias, contém episódios e anedotas dos reis antigos[1] (II, 99-141) e dos reis recentes[2] (II, 147-182)[3].

---

1. Sabemos que o Egito era governado por faraós, mas Heródoto utiliza o termo τύραννος (*týrannos*), habitualmente traduzido por tirano, porque indica uma soberania no exercício do poder. Percebemos aqui que o autor atribui o título ao persa tendo como modelo a tirania, o regime político dos helenos anterior ao recente governo democrático que ele vivencia. No entanto, vemos que Heródoto se serve também do vocábulo βασιλεύς (*basileús*), que significa rei, para se referir aos soberanos persas. Por exemplo, no Capítulo 7 do *Livro I*, ele afirma que Candaules era tirano dos sardianos, τύραννος Σαρδίων (*týrannos Sardiōn*), já no fim deste mesmo capítulo, relata que Candaules foi o último rei dos Heráclidas, Ἡρακλειδέων βασιλεύς (*Herakleidéōn basileús*). Para mais informações sobre a visão herodotiana da tirania, consultar Arther Ferrill, "Herodotus on Tyranny", In: *Historia: Zeitschrift für Alte Geschichte*, Bd. 27, H. 3, 1978. p. 385-398.

2. Destacamos dois textos que tratam da comparação de seus estudos com as descrições que Heródoto faz dos faraós egípcios, demonstrando suas incongruências e contribuições: "Quelques Apports Récents des Études Démotique à la Compréhension du Livre II d'Hérodote". In: Laurent Coulon, Pascale Giovannelli-Jounna et Flore Kimmel-Clauzet. *Hérodote et l'Egypte. Regards croisés sur le Livre II de l'enquête d' Hérodote.* Lyon: Collection de La Maison de l'Orient et de la Méditerranée 51, 2013. p. 65-88, e "Herodot, Strabo und die Pallakide von Theben". In: T. Scheer und M. Lindner (Éds). *Tempelprostitution im altertum:* fakten und fiktionen. Berlin: Oikumene, 2009. p. 154-186.

3. Sobre as divisões e subdivisões, consultar Flore Kimmel-Clauzet, "La composition du Livre II de l'*enquête*". In: Laurent Coulon, Pascale Giovannelli-Jounna et Flore Kimmel-Clauzet, *op. cit.* p. 18-19.

As informações coletadas por Heródoto são advindas de suas observações, dos relatos que recebeu da tradição oral da Hélade e de suas inquirições entre os egípcios, em especial entre os seus sacerdotes mais doutos. Heródoto afirma que os conhecimentos adquiridos com os sacerdotes egípcios tornaram-no conhecedor de suas genealogias a ponto de superar o seu antecessor Hecateu, conforme lemos neste relato:

> Anteriormente, quando Hecateu, logógrafo, esteve em Tebas, e estabeleceu a sua própria genealogia, remontando a sua ascendência a um deus até a décima geração, os sacerdotes de Zeus fizeram o mesmo para ele e para mim, porque não havia estabelecido a minha própria genealogia. Depois de terem me levado para o interior do santuário do templo, que era grande, enumeravam e mostravam estátuas colossais de madeira, que eram em número equivalente ao dos sacerdotes que me disseram isso; pois cada um dos chefes dos sacerdotes coloca neste mesmo lugar uma estátua sua à época em que ainda está vivo; então, enquanto os sacerdotes estavam enumerando-as e mostrando-as para mim, eles apontavam de quem cada um deles era filho e, desde a estátua do mais antigo morto, mostraram-me, passando por todos, até que eles me mostraram todas as que eram suas. E quando Hecateu estabeleceu sua própria genealogia e a remeteu até o décimo sexto antepassado a um deus, os sacerdotes não aceitaram a de ele ser a de um homem de origem divina e estabeleceram uma genealogia contrária aos seus números. E eles estabeleceram uma genealogia contrária do seguinte modo: eles chamam cada uma das estátuas colossais de *Píromin*[4] nascido de um *Pirómios*, e

4. O termo utilizado por Heródoto, em grego, é πίρωμιν (*pírōmin*), que significa "nobre e honesto", o que, em egípcio, é equivalente à expressão helena καλὸς καὶ ἀγαθός (*kalòs kaì agathós*).

> estes não se remetem nem a um deus nem a um herói. (*Histórias*, II, 143)[5]

Assim, Heródoto retirou dos sacerdotes egípcios grande parte das informações contidas em seu relato. Em razão disso, o Livro II de suas *Histórias* é conhecido também como *Investigações*, no sentido da investigação pela inquirição, pela indagação, que se apresenta como argumento para a narrativa de todo este livro[6].

II. O Egito

O Livro II das *Histórias* de Heródoto, século V a.C., traz uma das mais conhecidas afirmações sobre o Egito, "O Egito é uma dádiva do rio" (ἡ Αἴγυπτος [...] δῶρον τοῦ ποταμοῦ) (*hē Aígyptos dôron toû potamoû*) (II, 5), que resume a temática principal desenvolvida pelo historiador neste livro: o Egito, mais precisamente a região do Vale do Rio Nilo. Heródoto inicia sua narrativa após a morte de Ciro, o rei da Pérsia, em 530 a.C., sucedido por seu filho Cambises (II, 1), cuja primeira ação foi reunir os povos submetidos ao seu reino e organizar uma expedição militar contra o Egito. Em seguida, Heródoto relata o episódio em que o faraó egípcio Psamético quis saber quem eram os primeiros homens da terra. Como não conseguiu obter essa informação, concebeu o seguinte plano:

> Entregou duas crianças recém-nascidas, vindas de homens encontrados ao acaso, para um pastor protegê-las entre os seus rebanhos. Quanto à sua criação, era esta: ordenou que nenhuma palavra fosse emitida na frente de nenhuma delas, e que elas fossem deixadas em uma ten-

---

5. Consultar Ian S. Moyer, "Herodotus and an egyptian mirage: the genealogies of the theban priests". *The Journal of Hellenic Studies*. v. 122, 2002. p. 70-90.

6. Para mais esclarecimentos sobre essa nomenclatura dada ao *Livro II – Euterpe*, consultar Paul Demont, "Figures of Inquiry in Herodotus's 'Inquiries'". *Mnemosyne*. v. 62, fasc. 2, 2009. p. 179-205.

> da solitária, por conta delas mesmas, e que lhes trouxesse umas cabras na hora certa, para que as alimentasse com leite, e que lhes prouvesse das demais necessidades. E Psamético fez e ordenou essas coisas porque queria ouvir as crianças, depois de que abandonassem seus gritos ininteligíveis e inarticulados, e saber qual a primeira palavra que pronunciariam. Então, isso aconteceu. Porque o pastor executou essas coisas na sua rotina diária, transcorrido um tempo, quando ele abriu a porta e entrou, ambas as crianças correram em sua direção, estenderam-lhes as mãos e pronunciaram a palavra *békos*. [...] Depois de ouvi-las, ainda procurou saber a respeito de quais homens chamavam algo de *békos* e, após ter sido informado, descobriu que era como os frígios chamavam seu pão. Assim, os egípcios se reuniram e concluíram sobre esse fato que os frígios eram mais antigos do que eles. (*Histórias*, II, 2)

Esse episódio, narrado por Heródoto, revela o conteúdo maravilhoso de sua obra, que mescla o mito e a história, que atuam como elementos complementares, e não excludentes. É interessante perceber ainda que o historiador não se limita a registrar uma única versão; em seguida ao referido relato, traz a versão dos helenos e outras que ouviu. Para conferir autoridade ao seu relato, Heródoto afirma que busca suas informações com os sacerdotes, pois estes são reconhecidamente detentores de um saber singular entre os egípcios[7]. Outra característica de sua narrativa é que ele conversa com o leitor e declara em qual das versões apresentadas ele acredita ou não; às vezes, mantém-se na dúvida, mas, mesmo assim, se posiciona. No entanto, o historiador não apenas afirma em qual versão acredita como também procura comprovar, por meio da observação ou do ouvir dizer, ou ainda por meio de alguma outra fonte, o porquê de sua decisão. Conforme lemos a seguir:

---

7. Tal característica da narrativa argumentativa de Heródoto é analisada por Nino Luraghi, em seu texto "Local Knowledge in Herodotu's *Histories*". p. 138-160. *The Historians Craft in the Age of Herodotus*. University Oxford Press: Oxford, 2002.

> Então, a respeito da criação dessas crianças, costumavam dizer tantas outras coisas. Ouvi ainda outros acontecimentos em Mênfis, quando fui para os colóquios com esses sacerdotes de Hefesto; além disso, quando me dirigi para Tebas e para Heliópolis, por conta dessas mesmas informações, porque queria saber se concordavam com os relatos ouvidos em Mênfis, pois os heliopolitanos dizem que são mais conhecedores das histórias do seu país do que os egípcios. (*Histórias*, II, 3)

Portanto, vemos que Heródoto não se detém a um só relato, que realiza o trabalho de pesquisador, um investigador dos fatos, sem que a sua primeira informação seja prontamente aceita. Então, sua investigação serve de base para que ele forme sua opinião e emita seu parecer. Com essa metodologia, Heródoto segue sua narrativa relatando as habilidades astronômicas dos egípcios, que os levaram a descobrir os ciclos dos anos (II, 4), e os seus conhecimentos geométricos, que lhes propiciaram o conhecimento de seu próprio território e do desenvolvimento da geografia entre eles (II, 5). No entanto, o historiador não traça um relato descritivo de toda a região do Egito. Nos capítulos seguintes, realiza uma descrição geográfica de todo o Vale do Rio Nilo, de sua planície, de suas cheias, das condições de navegação desde o mar, passando pelo seu delta, até o seu interior, o que proporciona ao leitor conhecer a geografia e compreender muitos hábitos e costumes dos egípcios, como o de comer peixes, a fabricação do papiro, a ingestão da flor de lótus, entre outros.

As origens dos deuses egípcios também são relatadas por Heródoto sob a perspectiva de que os helenos assimilaram seus nomes e cultos. Tal percepção herodotiana é duramente criticada, séculos depois, por Plutarco de Queroneia:

> E que os gregos[8] aprenderam com os egípcios as procissões e os festivais e a venerar os doze deuses; que Melampo aprendeu o nome de Dioniso com os egípcios e o ensinou

8. Utilizamos o termo gregos, pois, à época de Plutarco, os helenos já eram chamados dessa forma, enquanto no tempo de Heródoto eram chamados de helenos.

> ao restante dos gregos; que tanto os mistérios como os ritos de Deméter foram trazidos pelas filhas de Dânao do Egito. Também afirma que os egípcios se flagelavam e choravam por um deus que ele prefere não nomear, mas manter-se em silêncio sobre os assuntos divinos. Com relação a Héracles e Dioniso, quando declara que os egípcios os veneram como deuses antigos e os gregos como homens envelhecidos, de modo algum expõe o mesmo cuidado. E afirma que o Héracles egípcio origina-se da segunda geração dos deuses e que o Dioniso, da terceira, porque têm princípio de gênese e não são eternos. Mas igualmente os declara deuses e crê que se deve fazer-lhes oferendas como aos heróis e mortais, mas não se sacrificar como aos deuses. Isso também foi dito sobre Pan, alterando as devoções e purezas dos assuntos sagrados dos gregos com as imposturas e ficções dos egípcios. (*Da malícia de Heródoto*, 857C-E)

Por essas e outras afirmações, Plutarco chama Heródoto de filobárbaro, (φιλοβάρβαρος) (*philobárbaros*), ou um simpatizante dos bárbaros. Em parte, tal afirmação se deve a estas palavras herodotianas:

> E a respeito de Héracles, ouvi o seguinte relato: que ele era um dos doze deuses. Mas outro relato a respeito de Héracles, que os helenos conhecem, em parte alguma do Egito eu pude ouvir. Ainda que, certamente, o nome de Héracles não foi transmitido pelos helenos, mas, sem dúvida, os helenos o tomaram dos egípcios, e esses helenos colocaram o nome de Héracles no filho de Anfitrião, tenho muitas e outras evidências de que isso foi desse modo, e ainda no seguinte acontecimento, que ambos os pais desse Héracles, Anfitrião e Alcmena, eram naturais desde a sua origem do Egito, e por isso os egípcios dizem que não conhecem os nomes nem de Posídon nem dos Dióscoros, e que esses deuses não são aceitos por eles entre os seus demais deuses. (*Histórias*, II, 43)

Heródoto duvida da versão dos helenos sobre a origem autóctone dos seus deuses, afirmando que: "os helenos contam muitos e diferentes acontecimentos sem reflexão" (II, 45). E o historiador tece um longo relato sobre as origens egípcias dos deuses helenos, bem como a utilização de seus ritos, suas procissões e seus sacrifícios em honra deles. Depois de relatar suas origens, a religião e as práticas religiosas dos egípcios ocupam parte significativa da narrativa deste segundo livro de Heródoto, com a descrição dos seus sacerdotes quanto à sua escolha, à sua vestimenta e ao seu tratamento na sociedade, que os agraciava com muitos privilégios. Os templos também merecem especial atenção de Heródoto pela variedade, suntuosidade e importância. E o relato herodotiano segue com a descrição de alguns hábitos peculiares aos egípcios, como o de os jovens darem preferência aos idosos em seus caminhos e levantarem-se quando eles entram em um recinto (II, 80), e ainda chama a atenção para a prática da adivinhação[9] (II, 89) e da medicina entre os egípcios (II, 84).

Embora Heródoto demonstre que diversas práticas egípcias foram adotadas pelos helenos, ele destaca que o contrário também ocorreu; assim, os egípcios também adotaram costumes dos helenos, mas em menor intensidade, como depreendemos do seguinte relato:

> E eles evitam adotar costumes dos helenos. Para dizer de forma resumida, não adotam de modo algum os costumes de nenhum outro povo. Portanto, os demais egípcios preservam isso. Mas há Quêmis, uma grande cidade da província de Tebas, próxima a Neapolis; nessa cidade, existe um templo quadrado de Perseu, filho de Dânae, e, em volta dele, nasceram palmeiras; e os vestíbulos do templo eram feitos de pedras muito grandes; e sobre eles havia duas estátuas de pedras enormes colocadas de pé; e nesse recinto sagrado existe um santuário, no qual

---

9. Há um interessante artigo redigido por Jambon, no qual ele discorre sobre a visão herodotiana dos rituais divinatórios dos egípcios e de suas semelhanças e dessemelhanças com os dos helenos, levando em consideração que Heródoto afirma que esses rituais egípcios foram absorvidos pela Hélade. Consultar Emmanuel Jambon, "Calendrier et Prodiges. Remarque sur la divination égyptienne d'après Hérodote II, 82". In: Laurent Coulon, Pascale Giovannelli-Jounna et Flore Kimmel-Clauzet, *op. cit.* p. 145-166.

> existe uma estátua de Perseu em pé. Esses quemitas dizem que Perseu aparece muitas vezes para eles nessa terra, e que frequentemente ele está dentro do templo, e encontram uma sandália que ele calçava, que tem o tamanho de dois côvados; que quando ela aparece, todo o Egito se torna abundante. (*Histórias*, II, 91)

Com isso, Heródoto demonstra a diversidade cultural que havia no Egito, pois os povos habitantes do Delta não tinham as mesmas práticas e os mesmos costumes das regiões pantanosas. Embora Plutarco chame Heródoto de filobárbaro, vemos que o historiador privilegia os helenos quando afirma que os egípcios se recusavam a adotar hábitos de outros povos, excetuando os helenos, o que revela deferência ao povo da Hélade. E assim a narrativa herodotiana segue, descrevendo os hábitos e as habilidades dos egípcios, arrolando seus governantes e suas construções, mostrando como um queria superar o outro na magnitude de seus templos, edifícios, canais e ilhas artificiais.

III. O Compromisso com a Verdade dos Fatos

O segundo livro das *Histórias* é conhecido por conter a primeira crítica literária conhecida pela literatura ocidental. Heródoto questiona a opção de Homero sobre o rapto de Helena como argumento para a guerra entre helenos e troianos, a chamada Guerra de Troia:

> E os sacerdotes relataram que assim Helena chegou até Proteu. Parece-me que também Homero conhecia esse relato; mas, porque este não era conveniente para a sua epopeia, ele utilizou o outro relato, até o ponto em que lhe era permitido, mostrando que também conhecia essa história. E isso é evidente, conforme ele compôs na *Ilíada* (e em nenhum outro verso ele se retrata) sobre o desvio de Alexandre, que, quando ele retornava com Helena, foi desviado para outro território, e chegou a Sídon, na Fenícia. E é feita uma menção disso na *Aristeia* de Diomedes; os seus versos dizem o seguinte:

De onde vinham os véus de ricos bordados, trabalhos das mulheres
sidônias, as que o próprio Alexandre, semelhante aos deuses,
trouxe de Sídon, navegando pelo vasto mar,
por seu percurso trazendo Helena de pai ilustre.

E ainda faz menção a isso na *Odisseia*, nos seguintes versos:

Tal remédio sábio teve a filha de Zeus,
eficaz, que lhe deu Polidama, esposa de Ton,
uma egípcia, campos que lhe produzem inúmeros
remédios, muitas misturas eficazes e outras muitas nocivas.

E quando Menelau diz a Telêmaco estas palavras:

No Egito, ainda ali os deuses me detinham, embora ansiasse
retornar, visto que não lhes sacrifiquei os cem bois perfeitos.

Em tais versos, é evidente que ele conhecia o desvio de Alexandre para o Egito, pois a Síria faz fronteira com o Egito, e os fenícios, que são de Sídon, habitam na Síria. (*Histórias*, II, 116)

E Heródoto discute essa questão até o capítulo 120. É interessante perceber que existe uma tradição oral que sustenta a versão dada por nosso historiador, basta consultar a peça *Helena*, de Eurípides, na qual o tragediógrafo compôs a seguinte fala para a rainha espartana:

Após abandonar os estábulos de Ida[10], Páris
foi a Esparta para se apossar do meu leito.
Hera, inconformada por não ter vencido as deusas,
encheu de ar o meu leito com Alexandre,
e não me concede, mas a minha assemelhada
imagem, inflada pelo vento celeste, ofertando-a ao filho

10. A montanha mais alta da ilha de Creta, situada ao sul do Mar Egeu.

do rei Príamo[11]; que acredita me ter,
vã opinião, não me tinha. Por sua vez, os desígnios
de Zeus resultam nestes males:
trouxe a guerra à terra dos helenos
e aos frígios infelizes, para que aliviasse a mãe terra
do grande número da massa dos mortais,
e tornasse famoso o mais poderoso da Hélade[12].
Eu não fui o pretexto para a força dos frígios,
e o meu nome, um prêmio da lança aos helenos.
Hermes,[13] tomando-me em volutas do éter,
por nuvens escondida – pois Zeus não me
ignorou –, alojou-me neste palácio de Proteu,
escolhendo o mais sensato de todos os mortais,
para que preservasse incólume o leito de Menelau[14].
(*Helena*, 29-48)[15]

Portanto, vemos que Heródoto, em momento algum, desmerece o enredo de Homero, apenas mostra ao leitor que o poeta não está preocupado com a verdade, mas com a verossimilhança da sua epopeia. Lembramos que o raciocínio herodotiano nos conduz a Aristóteles, *Da arte poética*, 1451a, em que o filósofo afirma que a composição poética segue seu enredo "conforme a verossimilhança ou a necessidade" (κατὰ τὸ εἰκὸς ἢ τὸ ἀναγκαῖον) (*katà tò eikòs ē tò anankaîon*). Assim, Heródoto diferencia seu relato da narrativa homérica, pois, embora este tenha como objetivo narrar as guerras

11. Rei de Troia, casado com Hécuba, pai dos heróis Páris e Heitor.

12. Helena se refere ao herói Aquiles, filho de Peleu, rei da Ftia, e da deusa Tétis, filha de Oceano. Aquiles foi o principal herói da Guerra de Troia; sem ele, conforme um oráculo, não haveria a tomada dos muros troianos, pois ele estava destinado a nela morrer jovem em troca da glória eterna.

13. Filho de Zeus e de Maia, o deus nasceu em uma caverna, no alto do Monte Cilene, ao sul da Arcádia. Mensageiro dos deuses, Hermes tem o poder de circular entre o mundo dos vivos e o dos mortos.

14. Filho de Atreu, rei de Micenas, e de Aérope, filha de Catreu, rei de Creta. Menelau era rei de Esparta, irmão de Agamêmnon e marido de Helena.

15. Tradução e notas de Maria Aparecida de Oliveira Silva.

entre helenos e persas, como Homero fez com a Guerra de Troia, o seu compromisso é com a verdade dos fatos, por meio da investigação, e não por conveniência poética. Mesmo com essa diferenciação estabelecida por Heródoto, quanto ao seu compromisso com a investigação pela busca da verdade, dado que não ocorre em Homero, por conta de sua finalidade ser apenas poética, e não histórica, conforme Mansour, existem muitos pontos de contato entre a obra herodotiana e a homérica que não se restringem apenas à temática da guerra. A autora demonstra que a linguagem de Heródoto em muito se aproxima do estilo poético de Homero, tanto na maneira de escrever quanto na sintaxe[16].

IV. Conclusões

Não por acaso, os relatos de Heródoto tornaram-se uma das mais importantes fontes para o estudo do Egito faraônico, pois são importantes não apenas para os que estudam a escrita historiográfica antiga, como para os egiptólogos. Pelo "discurso simples e fácil de Heródoto" (τοῦ Ἡροδότου καὶ ἡ λέξις ὡς ἀφελὴς καὶ δίχα πόνου) (*toû Hērodótou kaì hē léxis hōs aphelès kaì díkha pónou*), como afirma Plutarco em *Da malícia de Heródoto*, 845E[17], sua obra também é acessível a todos os leitores. Somadas ao estilo agradável de Heródoto, que convida o leitor a ler sua obra, inserimos notas explicativas que colaboram para seu entendimento, com a finalidade de atender às expectativas, não somente do leitor especializado, mas também do leigo interessado na sua escrita, que fascina pelo conteúdo descritivo das edificações de templos religiosos, estátuas, muralhas, portas e portões, ilhas artificiais, canais e pirâmides, e outros tipos de construções do Antigo Egito. Grande parte de

---

16. Consultar Karim Mansour, "Langue et Poétique d'Hérodote dans le Livre II de l'*Enquête*. Étude de Syntax Stylistique". In: Laurent Coulon, Pascale Giovannelli-Jounna et Flore Kimmel-Clauzet, *op. cit.* p. 45-61.

17. Doravante, as referências a este tratado plutarquiano estão contidas na obra: Plutarco, *Da malícia de Heródoto*. Estudo, tradução e notas de Maria Aparecida de Oliveira Silva. São Paulo: Edusp/Fapesp, 2013.

suas informações são oriundas de relatos orais, os quais o historiador confere autoridade por terem sido transmitidos por sacerdotes dos templos mais renomados do Egito[18], de homens que são tratados como detentores de uma memória coletiva, pois conhecem profundamente a história de seu povo[19].

Heródoto descreve ainda as paisagens do Egito, os seus vales, suas planícies, seus rios, trazendo ao leitor recursos imagéticos para traçar um desenho dessas paisagens em sua mente. Os mitos e os deuses também merecem descrições e reflexões peculiares de nosso autor, que estabelecem paralelos com outros povos, em particular, com os habitantes da Hélade, nome dado pelos antigos ao que hoje chamamos de Grécia. Os costumes e os hábitos dos antigos egípcios constituem uma obra à parte, pois o historiador retrata suas vestimentas, que variam conforme as cerimônias, apresentando-nos aspectos particulares de sua sociedade, como a hierarquia social, as regras de casamentos, as atividades manuais, o pastoreio, enfim, Heródoto pinta um quadro interessantíssimo do Egito, que envolve e encanta o leitor neste *Livro II – Euterpe*.

V. Da Tradução

A tradução deste *Livro II – Euterpe* foi realizada diretamente do texto grego, cuja estrutura sintática buscamos preservar na medida do possível na língua portuguesa. Do mesmo modo, procuramos manter o estilo discursivo de Heródoto, a fim de que o leitor conheça não somente o seu modo de expressão, mas também de pensar. No entanto, houve algumas poucas variações, para que o texto na língua portuguesa se tornasse inteligível, uma vez que nem sempre

---

18. Utilizando a narrativa herodotiana sobre o reinado de Cambises como estudo de caso, Payen analisa o périplo de Heródoto à procura de suas informações sob a perspectiva dos elementos arcaicos dos gêneros literários dos helenos. Consultar Pascal Payen, "Discours historique et structures narratives chez Hérodote". *Annales. Histoire, Sciences Sociales*, 45e Année, n. 3, 1990. p. 527-550.

19. Para mais detalhes sobre o assunto, consultar Oswyn Murray, "Herodotus and Oral History". In: Luraghi, Nino (ed.) *op. cit.* p. 16-44.

o texto grego, quando traduzido literalmente, oferece compreensão ao leitor. Ressaltamos ainda que a tradução vem acompanhada de notas que permitem ao leitor compreender os contextos histórico, mítico e geográfico da narrativa herodotiana. A tradução de *Histórias* apresentada nesses nove volumes tem como texto-base a *Coleção Guilhaume Budé*, com tradução, introdução e notas de Ph. E. Legrand, *Hérodote. Histoires*, 9 vols. Paris: Les Belles Lettres, 1:1932; 2;1930; 3:1939; 4: 1960; 5:1946; 6:1948; 7:1951; 8:1953; 9:1954 (repr. 1:1970; 2:1963; 3:1967; 5:1968).

Maria Aparecida de Oliveira Silva

Graduada em História
Mestre em História Econômica e
Doutora em História Social (USP)
Pós-Doutora em Estudos Literários (UNESP)
Pós-Doutora em Letras Clássicas (USP)

Livro II

1. Após a morte de Ciro[20], Cambises[21], filho de Ciro e de Cassandane, filha de Farnaspes, que morreu antes dele, herdou o seu reino; o próprio Ciro guardou um longo luto e proclamou a todos os outros povos que ele governava que guardassem luto também. De fato, Cambises era filho daquela mulher e de Ciro. Porque ele considerava os iônios e os eólios como escravos herdados de seu pai, realizou uma expedição militar contra o Egito, levando os outros povos que ele governava, entre eles, os helenos que havia subjugado.

2. E os egípcios, antes de Psamético[22] reinar, consideravam que haviam nascido antes de todos os homens. Depois de Psamético ter se tornado rei, ele quis saber quais teriam sido os primeiros a nascer; desde então, consideravam que os frígios haviam nascido primeiro que eles, e eles antes que o restante. Psamético, depois de suas indagações, como não conseguia descobrir nenhuma informação sobre quem seriam os primeiros homens a ter nascido, então, planejou o seguinte: entregou duas crianças recém-nascidas, vindas de homens encontrados ao acaso, para um pastor protegê-las entre os seus rebanhos. Quanto à sua criação, era esta: ordenou que nenhuma palavra fosse emitida na frente de nenhuma delas, e que elas fossem deixadas em uma tenda solitária, por conta delas mesmas, e que lhes trouxesse umas cabras na hora certa, para que as alimentasse com leite, e que lhes prouvesse das demais necessidades. E Psamético fez e ordenou essas coisas, porque queria ouvir as crianças, depois de que abandonassem seus gritos ininteligíveis e inarticulados, e saber qual a primeira palavra que pronunciariam. Então, isso aconteceu. Porque o pastor executou essas coisas na sua rotina diária, transcorrido um tempo, quando ele

---

20. Rei da Pérsia, 559-530 a.C., que recebeu o epíteto de o Grande, por ter conquistado todos os povos vizinhos e ter fundado o Império Aquemênida, o maior de seu tempo.

21. Rei da Pérsia, 530-522 a.C., filho de Ciro, que se tornou notável por ter conquistado o Egito.

22. Faraó da XXVI dinastia do Egito, 690-610 a.C.

abriu a porta e entrou, ambas as crianças correram em sua direção, estenderam-lhes as mãos e pronunciaram a palavra *békos*. Quando as ouviu pela primeira vez, o pastor ficou quieto; mas, como foi e voltou lá muitas vezes e prestou atenção que essa palavra era pronunciada reiteradamente, assim então informou isso ao seu senhor, trazendo-lhe as crianças, porque ele o havia ordenado que as levasse à sua presença. Depois de ouvi-las, procurou saber a respeito de quais homens chamavam algo de *békos* e, após ter sido informado, descobriu que era como os frígios chamavam o seu pão. Assim, os egípcios se reuniram e concluíram sobre esse fato que os frígios eram mais antigos do que eles. Ouvi este acontecimento dos sacerdotes de Hefesto[23] do templo existente em Mênfis[24]; mas os helenos dizem outras muitas coisas vãs, que Psamético cortou as línguas de algumas mulheres e assim forjou esse modo de vida das crianças junto de tais mulheres.

3. A respeito da criação dessas crianças, costumavam dizer tantas outras coisas. Ouvi ainda outros acontecimentos em Mênfis, quando fui para os colóquios com esses sacerdotes de Hefesto; além disso, quando me dirigi a Tebas[25] e a Heliópolis[26] por conta dessas mesmas informações, queria saber se concordavam com os relatos ouvidos em Mênfis; pois os heliopolitanos dizem que são mais conhecedores das histórias do seu país que os egípcios. Quanto às narrativas sobre as histórias das suas divindades que ouvi, não estou disposto a relatá-las na sua íntegra, exceto os nomes delas, considerando que todos os homens são conhecedores

---

23. Deus que personifica o elemento fogo; por sua singular habilidade na atividade de ferreiro, foi responsável pela confecção das armas e dos adereços dos deuses. Também conhecido por ser um deus coxo, condição adquirida após ser atirado do Olimpo por sua mãe, Hera, que o gerou sem o auxílio de Zeus.

24. Cidade do Egito antigo fundada pelo Faraó Menes aproximadamente em 3000 a.C. Também foi a primeira região administrativa νομός (*nomós*) do Baixo Egito.

25. Cidade localizada no Antigo Egito, cujo nome atual é Luxor.

26. Cidade do Baixo Egito, Heliópolis, ou Cidade do Sol, Ἡλίου πόλιν (*Ēlíou pólin*), é como os helenos chamavam a cidade egípcia de Iunet Mehet.

deles; os que dentre eles eu trouxer à memória, mencionarei o que for obrigado

4. pelo relato. Quanto aos acontecimentos que dizem respeito aos assuntos humanos, concordando uns com os outros, contavam assim: os egípcios foram os primeiros dentre todos os homens que descobriram a duração do ano, dividindo-o em doze partes, em conformidade com as estações; e costumavam dizer que descobriram isso por causa dos astros. E eles conduzem esse assunto de modo mais sábio que os helenos, parece-me, porque os helenos acrescentam, a cada três anos, um mês para intercalar por causa das estações, mas os egípcios transferem trinta dias para os doze meses e acrescentam cinco dias a cada ano além desse número, eles têm o ciclo das estações para este se perfazer e ficar completo. Dizem que os egípcios foram os primeiros a dar nomes apropriados aos doze deuses, e que os helenos tomaram esses nomes deles, e que também foram os primeiros a dedicar altares, imagens e templos aos deuses, também a esculpir suas imagens nas pedras. E eles então me mostraram com fatos que assim aconteceu a maioria desses eventos. E diziam que Min[27] foi o primeiro homem a reinar no Egito; em sua época, excetuando a província de Tebas, todo o Egito era um pântano; e que nada brotava nos dias de hoje abaixo do Lago Méris[28], e que sua navegação

5. é de sete dias, partindo do mar e subindo rio acima. Parece-me também que falam acertadamente sobre o seu território, pois, mesmo para quem não tenha ouvido falar, ao vê-lo, se tiver alguma sagacidade, é evidente que o Egito para o qual os helenos navegam é uma terra ganha pelos egípcios, que é uma dádiva do rio, também o é o território mais acima desse lago, até atingir uma distância de três dias de navegação; a respeito do qual os sacerdotes não acrescentaram nenhuma informação diferente, eles diziam ainda que em nada diferiam um do outro. Pois a natureza desse território do Egito

---

27. As informações de que dispomos sobre esse rei nos foram transmitidas pelo próprio Heródoto.

28. O Lago Méris foi construído no século XIX a.C. pelo Faraó Amenemhat III, e é conhecido também como Lago de Osíris.

é a seguinte: em primeiro lugar, quando se navegava do mar em sua direção, existia um corredor de um dia de navegação que se afastava do continente; se uma sonda marítima for lançada e suspendermos a lama, haverá nela onze braças[29]; isso evidencia que essa quantidade de terra estava depositada em seu leito.

6. Além desse território, a extensão do Egito é a do seu litoral, sessenta cordéis[30]; conforme nós interpretamos, o Egito está situado do golfo de Plintine[31] até o Lago Serbonis[32] e ao redor de onde se estende o Monte Cásio[33]; então, a partir desse lugar, são sessenta cordéis. Pois grande quantidade desses homens são carentes de terra, o seu território é medido em braças; e os que são menos carentes de terra, em estádios[34]; e os que possuem grande parte do território, em parassangas[35]; e os que detinham um território mais amplo, em escoinos. A parassanga tem a capacidade de trinta estádios; e cada escoino, uma medida egípcia, sessenta estádios. Assim, o Egito tinha

7. três mil e seiscentos estádios de litoral. Desse território até a cidade de Heliópolis, no interior dessa região, o Egito é largo, todo plano, abundante em água e pantanoso. E o trajeto para Heliópolis a partir do mar é uma subida quase idêntica à extensão para o caminho de Atenas, do altar dos Doze Deuses[36], indo até Pisa[37], no

---

29. Cada braça tem uma medida equivalente a quatro côvados, ou seis pés, aproximadamente 1,80 metro.

30. Um cordel é uma medida linear que equivale a sessenta estádios. Estima-se que cada estádio tenha a equivalência de 186 metros.

31. Formava uma baía que banhava o norte da África, entre a região da Cirenaica e a do Egito.

32. Lago localizado na região da Cirenaica.

33. Fronteira natural que delimitava o Egito dos territórios de colonização fenícia, a região então chamada Síria.

34. Estima-se que cada estádio tenha a equivalência de 186 metros.

35. Medida utilizada em Constantinopla, adotada pelos egípcios, que equivale a trinta estádios.

36. Os doze deuses que habitam o Monte Olimpo são: Zeus, Hera, Posídon, Atena, Ares, Deméter, Apolo, Ártemis, Hefesto, Hermes, Dioniso e Afrodite.

37. Cidade situada na península do Peloponeso, na região da Élide.

templo de Zeus[38], no Olimpo[39]. Se alguém calculasse a distância entre esses caminhos, descobriria que a diferença é pequena, que a sua extensão não é igual, e que não tem mais que quinze estádios; pois a distância de Atenas a Pisa é de um mil e quinhentos estádios, faltando menos de quinze estádios do mar até Heliópolis,

8. que completa esse número. Subindo de Heliópolis, o Egito é uma região estreita. De um lado, estende-se ao longo da montanha da Arábia[40], que nos conduz do norte para o meridiano e para o vento sul, sempre se estendendo para o alto, em direção ao chamado Mar Eritreu[41]; neste local, estão as pedreiras de onde foram cortadas as pedras para as pirâmides em Mênfis; neste lugar, terminava o seu território e a montanha se recurvava, conforme o que já foi dito; e esse seu território é mais extenso, como eu fui informado, vai do leste para o oeste, e esse caminho é feito durante dois meses; e os seus limites vão até o território oriental, onde se produzem os incensos. Então, essa montanha é desse tipo. Do lado em frente à Líbia[42], estende-se outra montanha rochosa do Egito, na qual estão as pirâmides, coberta pela areia, cortada do mesmo modo também pela da Arábia, as quais nos conduzem em direção ao meridiano. Então, a partir de Heliópolis, não existe mais muito território como há no do Egito, mas esse lugar estreito do Egito requer quatro dias

---

38. Pai dos deuses e dos homens, Zeus, filho de Crono e Reia, reinou sobre todos após destronar seu pai; sobre a origem e os acontecimentos que antecederam seu reinado, consultar: Hesíodo, *Teogonia,* 468-506. Dentre os vários atributos de Zeus, estava o poder de fazer chover.

39. O Monte Olimpo era o lugar em que se estabeleceu a morada dos deuses, onde Zeus era o senhor supremo.

40. Península Arábica que separa a Ásia da África.

41. Mar que banhava a região da Eritreia, famosa por seus recursos minerais; o Mar Eritreu, hoje, recebe o nome de Mar Vermelho.

42. Os relatos dos viajantes do século XIX dão conta de que esse canal é natural, que ele realmente sempre abasteceu o lago com sua água, que seria impossível construí-lo, pela sua extensão, profundidade e largura, e ainda que a terra escavada não teria como ser escoada pelo Rio Nilo. Tal dado explicaria por que Heródoto não encontrou os montes da terra supostamente escavada do canal.

de navegação, feita entre as montanhas que já foram mencionadas por um terreno plano, e parece-me que tenha mais estádios, pelo território, que é mais estreito, não mais que duzentas da montanha da Arábia até a chamada montanha da Líbia; e de lá ainda há as montanhas do Egito.

9. Então, esse território é assim por natureza. De Heliópolis até Tebas, são nove dias de navegação, e a distância é de oitocentos e sessenta estádios, sendo oitenta e um cordéis. Esses estádios, somados, resultam no tamanho total da extensão do Egito; e a parte do litoral, que já foi demonstrada por mim antes, é de três mil e seiscentos estádios; quanto à que se situa do mar em direção ao interior do território até Tebas, faço saber: pois são seis mil, cento e vinte estádios; e a parte que vai de Tebas até a chamada cidade Elefantina[43], corresponde a um mil e oitocentos estádios.

10. A maior parte desse território citado, conforme os sacerdotes diziam e eu próprio pensava, é formado por uma terra ganha pelos egípcios. Pois as montanhas situadas acima da cidade de Mênfis que foram citadas parecem-me que foram um dia, por um intervalo de tempo, um golfo do mar, como as montanhas em torno de Ílion[44], Teutrânia[45] e Éfeso[46] e da planície de Meandro[47], porque certamente é possível comparar coisas pequenas com as grandes; pois os rios desses territórios, que formam aluviões, estão nas embocaduras do Nilo[48], que são cinco; nenhum deles é

---

43. Ilha no Rio Nilo, ao sul do seu território, cujo nome deriva da língua grega, que significa "cidade dos elefantes".

44. Nome dado à cidade de Troia, por isso a epopeia de Homero chama-se *Ilíada*.

45. Cidade localizada na região da Ásia Menor.

46. Cidade localizada na Ásia Menor, conhecida por seu templo dedicado a Ártemis, considerada uma das Sete Maravilhas do Mundo Antigo. Provavelmente, foi nesse lugar que Creso depositou as colunas e as vacas de ouro.

47. Rio da Ásia Menor cuja foz se localiza no Golfo de Mileto.

48. Segundo maior rio do mundo em extensão, o Rio Nilo corta quase todos os territórios do norte da África.

digno de ser comparado com a sua magnitude. Ainda há outros rios não tão extensos como o Nilo, os quais são produtores de obras grandiosas; dentre eles, eu posso citar os seus nomes, mas o Aqueloo[49] não é o menor deles, cujas correntes atravessam a Arcânia[50] e desembocam no mar das Ilhas Equinadas[51], e que já tornou metade delas em

11. uma planície. Existe, no território da Arábia, não longe do Egito, um golfo marítimo que se estende do chamado Mar Eritreu, tão longo e estreito como irei expor, começando pela extensão de sua navegação: para completar a navegação da sua parte mais baixa até o vasto mar, são consumidos quarenta dias, com a utilização de remos; sua largura, onde o golfo é mais largo, é de meio dia de navegação; e todo dia se origina nele um transbordamento e um refluxo do mar. Penso que, um dia, o Egito também foi um outro golfo dessa natureza; um era o golfo do Mar do Norte[52], que se estendia sobre a Etiópia[53], e o outro era o Arábico, sobre o qual vou falar, que se estendia do Mar do Sul[54] em direção à Síria; as entradas dos seus golfos quase se uniam uma com a outra, pouco faltando para que ultrapassassem seu território. Se, então, o Nilo quisesse reverter o curso de sua corrente para o Golfo Arábico[55],

---

49. Nome de um rio da Etólia que serve de fronteira para essa região e a Arcânia. Tal rio é considerado o maior da Hélade; ele também era venerado como um deus, filho de Oceano e de Tétis.

50. Região montanhosa e arborizada situada ao nordeste da Hélade.

51. Várias ilhas localizadas no Mar Iônico formavam o complexo chamado de Equinadas, situado na entrada do Golfo de Corinto.

52. Heródoto se refere ao Mar Mediterrâneo, também conhecido no Oriente como Mar do Norte.

53. Região situada no norte da África, no chamado Chifre da África.

54. Também conhecido como Mar Eritreu.

55. É interessante notar que Heródoto trata o rio como um ser autônomo, como um agente da ação, o que pode refletir em sua visão do rio como um ser divino, algo comum entre os antigos helenos.

o que o teria impedido de amontoar terra dentro de tal corrente por vinte mil anos? Pois eu suponho que certamente ele poderia amontoar sua terra dentro da sua corrente em dez mil anos. Onde, de fato, no tempo passado, antes de eu ter nascido, um golfo ainda muito maior poderia ser amontoado de terra por um rio tão grande e tão ativo?

12. Quanto aos assuntos relativos ao Egito, então, há os que dizem isso e também eu mesmo estou convencido e penso que seguramente foi assim, porque vi que o Egito se projeta, tomando a terra, revelando conchas nas montanhas e mostrando a salinidade na sua superfície brilhante, de modo também a danificar as pirâmides, e a única montanha arenosa do Egito é essa que está localizada acima de Mênfis, além desse território, nem o que é limítrofe da Arábia é similar ao do Egito, nem ao da Líbia, não o é nem ao da Síria (pois os sírios habitam o litoral do mar da Arábia), mas o seu solo é negro e rachado, de modo que é um aluvião e um derramamento da Etiópia, trazido de cima para baixo pelo seu rio; e sabemos que a Líbia tem a terra mais vermelha e arenosa, e que a Arábia e a Síria são as mais argilosas e rochosas.

13. E os sacerdotes diziam-me ainda, como uma grande evidência a respeito da natureza desse território, o seguinte: à época do reinado de Méris[56], quando o rio subia pelo menos oito côvados[57], inundava o Egito e o território abaixo de Mênfis; e não havia passado ainda novecentos anos da morte de Méris, quando eu ouvi esses relatos dos sacerdotes; mas atualmente, a não ser que o rio suba pelo menos quinze ou dezesseis côvados, ele não transborda no seu território. Assim, os egípcios que habitam os territórios mais abaixo do Lago Méris, e, sobretudo, a região do chamado Delta[58], se essa região continuasse crescendo em altura na mesma proporção e continuasse

---

56. Não se sabe ao certo qual teria sido a sua época. Encontramos um lago homônimo no Egito, talvez ele tenha recebido tal nome em homenagem a esse desconhecido rei.

57. Medida antiga de comprimento, cuja equivalência variava de 33 cm a 66 cm conforme a cidade ou região.

58. Resultado do encontro dos vários braços do Rio Nilo e recebe esse nome por, geograficamente, compor uma figura que se assemelha à letra grega delta (Δ).

crescendo do mesmo modo, esses egípcios, eu penso, se a região do Nilo não fosse inundada, sofreriam todo tempo; o que eles disseram que, certa vez, sofreram os helenos. Pois eles foram informados de que todo o território dos helenos é molhado pela chuva, mas não é irrigado pelos rios, conforme o deles; disseram que os helenos, um dia, por ser enganados pela sua grande esperança, passariam fome terrivelmente. E esse raciocínio quis dizer que, a não ser que o deus não quisesse que chovesse para eles, mas que sofressem com a seca, os helenos seriam dizimados pela fome; pois, de fato, eles não têm nenhuma outra água, somente a que lhes é enviada por Zeus.

14. E essas coisas ditas pelos egípcios estão corretas. Mas vejamos agora como são esses mesmos fatos com os egípcios. Como também disse antes, se eles quisessem ter o território abaixo de Mênfis (pois é este mesmo que se expande), conforme o relato do que era no tempo passado, para que se expandisse para o alto, não seria verdade que os egípcios que habitam nesse local passariam fome se o território deles não fosse banhado pela chuva, as águas vindas de Zeus, se o seu rio não fosse capaz de transbordar sobre os seus campos cultiváveis? De fato, se agora eles obtêm a colheita da terra com menos trabalho que todos os outros homens e que o restante dos egípcios, os que não têm fadigas para abrir sulcos com o arado, nem para cavoucar a terra, nem para trabalhar outra coisa, e dentre os demais homens não trabalham duro por uma plantação, mas quando o seu rio espontaneamente sobrevém com sua água para suas terras cultiváveis, e a água retorna para onde veio, nesse momento, cada um semeia o seu campo e solta seu porco nele. Quando seus porcos pisoteiam, fincando as sementes, e esperam a sua plantação vir desse lugar, debulham o seu trigo com seus porcos e assim o colhem.

15. Então, se quiséssemos fazer uso das opiniões dos iônios a respeito do Egito, que afirmam que somente o Delta é o Egito; da chamada Torre de Vigilância de Perseu[59] até o local das Salgas

---

59. Perseu é um herói argivo, filho de Zeus e de Dânae. Há muitas narrativas que envolvem o herói com a demonstração de sua força e poder. A mais famosa delas foi a de sua luta contra a Gòrgone, mais conhecida como Medusa, de quem deveria

Pelusíacas[60], por uma extensão de quarenta cordéis; do seu litoral até o seu interior, dizem que o Egito se estende até a cidade de Cercasoro[61]. Neste local, o Nilo divide-se, correndo para Pelúsio[62] e para Canopo[63]; porque dizem que o restante do Egito, uma parte pertencente à Líbia e a outra parte à Arábia, poderíamos mostrar, se utilizássemos esse raciocínio, que os egípcios não tinham esse território antes. Pois já o Delta, como eles, os próprios egípcios, dizem, e me parece, é irrigável e surgiu recentemente, por assim dizer. Portanto, se eles não tinham nenhuma terra, por que se excediam em cuidados para se considerar os primeiros nascidos dentre os homens? Eles não necessitariam ter partido para aquele experimento crucial das crianças, para que pronunciassem sua primeira língua. Mas penso que os egípcios não surgem simultaneamente com o Delta, que foi chamado Egito pelos iônios, eles sempre existiram, desde o nascimento da raça humana; quando o seu território avançou, muitos o abandonaram para criar os seus próprios, enquanto muitos desceram pouco a pouco. Isso, então, chamado de Egito, é da antiga Tebas, o perímetro de seu território era de

16. seis mil cento e vinte estádios. Se nós conhecemos bem esses acontecimentos, os iônios não compreendem bem os egípcios. Se a opinião dos iônios está correta, mostro que os helenos e os próprios iônios não sabem calcular, os que dizem que três partes perfazem toda a terra, Europa, Ásia e Líbia. Pois, de fato, eles devem considerar ainda o Delta do Egito como sua quarta parte, se não pertence nem à Ásia nem à Líbia. O Nilo não é, conforme esse raciocínio, o que delimita a fronteira entre a Ásia e a Líbia; e o Nilo divide-se

---

trazer a cabeça para o rei Polidectes para salvar sua mãe, Dânae. As Gòrgones eram três irmãs: Esteno, Euríale e Medusa. Esta última foi a escolhida, porque somente ela era mortal, com o poder de petrificar aquele que a olhasse nos olhos.

60. Referente a Pelúsio, cidade localizada na região do Baixo Nilo.

61. Cidade localizada na região do chamado Baixo Egito.

62. Cidade localizada na região do Baixo Nilo, próximo ao lado norte de seu delta.

63. Principal cidade portuária do Baixo Egito, a qual os árabes chamavam de Cidade do Ouro, pela abundância deste mineral.

em dois braços na bifurcação desse delta e poderia estar entre a Ásia e a Líbia.

17. E descartamos o argumento dos iônios; nós dizemos sobre eles mais ou menos o seguinte: o Egito é todo esse território habitado pelos egípcios; como na Cilícia[64], habitada pelos cilícios; na Assíria, habitada pelos assírios, e não sabemos se existe uma fronteira entre a Ásia e a Líbia, se estiver certo, a não ser as fronteiras egípcias. E se utilizarmos o que é considerado pelos helenos, consideraremos que todo o Egito começa a partir das cataratas[65] e da cidade de Elefantina, que se divide em duas partes, e que cada uma delas tem o seu próprio nome; pois umas pertencem à Líbia, enquanto outras pertencem à Ásia. Pois, de fato, começando das cataratas, o Nilo corre cortando o meio do Egito e indo em direção ao mar. Então, até a cidade de Cercasoro, o Nilo corre sendo um único, e, a partir dessa cidade, divide-se em três leitos. E se volta para o leste, a chamada embocadura Pelúsio, e a outra dentre os leitos toma a direção oeste; e essa se chama embocadura Canópica. O Nilo tem seu leito direito do seguinte modo: seguindo de baixo, vai em direção à bifurcação do Delta, e esse leito sai a partir desse que divide o Delta ao meio em direção ao mar, não é nem o menor volume de água presente nele nem é o menos famoso, e essa embocadura se chama Sebenítica[66]. E existem também outros dois tipos de embocaduras que se separam desde a Sebenítica e correm em direção ao mar, aos quais se dá os nomes que se seguem, uma delas é a Saítica e a outra é a Mendésia. E há a Bolbitina e a Bucólica, que não são embocaduras naturais, mas escavadas.

18. Também confirma a minha opinião de que o Egito é tão grande quanto eu demonstrei com minha imaginação. Também há uma

---

64. Região costeira localizada ao sul da Ásia Menor, próxima à ilha de Chipre.

65. Eram seis cataratas que definiam as fronteiras sul e sudoeste do Antigo Egito.

66. Situada na cidade portuária do Egito conhecida por Canopo, uma cidade localizada na região do Baixo Egito.

resposta do oráculo de Ámon[67], sobre a qual eu fui informado antes de ter a minha própria opinião a respeito do Egito. Pois, de fato, os habitantes das cidades de Márea[68] e de Ápis[69], terras limítrofes do Egito com a Líbia, eles mesmos pensavam que eram líbios, não egípcios; porque estavam irritados com o culto religioso em torno dos seus assuntos sagrados, desejavam não ser proibidos do consumo das carnes de vaca, enviaram emissários para o oráculo de Ámon, dizendo que eles nada tinham em comum com os egípcios, pois habitavam fora do Delta e não falavam a mesma língua que eles, e desejavam ter a permissão para comer todas as coisas. E o deus não lhes permitiu que fizessem isso, respondendo-lhes que o Egito era esse território que o Nilo avançava e irrigava, também que os egípcios eram esses que habitavam abaixo da cidade de Elefantina e que bebiam a água proveniente

19. desse rio. Assim, essas palavras oraculares lhes foram proferidas. E o Nilo avança, quando está cheio, não somente sobre o seu Delta, mas também no que é chamado território líbico e em alguns lugares do arábico, em uma jornada de dois dias em cada uma das duas margens, tanto mais ainda que isso, como também menos. Sobre a natureza do rio, não pude aprender nada, nem dos sacerdotes nem de qualquer outro. Mas tinha a boa vontade de ser informado por eles, porque o Nilo transborda e enche, começando a partir dos solstícios de verão, por cerca de cem dias. Passando esse número de dias, retorna e deixa sua inundação, de modo a atravessar rasante durante todo o inverno, ficando assim até quando, outra vez, há os solstícios de verão. Portanto, nenhum desses egípcios foi capaz de me fazer compreender isso, quando eu os indaguei sobre qual capacidade o Nilo tinha para ter sua natureza diferente da dos demais rios. Por querer saber a respeito das coisas mencionadas,

---

67. Originário de Karnak, um deus da mitologia egípcia, considerado o rei dos deuses e o criador da vida, sendo identificado com o Sol.

68. Cidade localizada no antigo Baixo Egito.

69. Localizada na região do antigo Baixo Egito.

investiguei também por que ele é o único dentre os rios que não tem brisas soprando dele.

20. Mas alguns helenos, porque desejavam se tornar notáveis e sábios, discorreram a respeito dessa água por três caminhos, dois desses caminhos considero que não são dignos de ser mencionados, a não ser na medida em que desejo apenas sinalizá-los. O outro deles diz que são os ventos etésios[70] os responsáveis pelo rio encher, impedindo o Nilo de correr para o mar. Muitas vezes, os ventos etésios não sopram, mas o Nilo segue fazendo o mesmo. Além disso, se os ventos etésios não fossem os responsáveis, os demais rios, aqueles entre os que correm contrários aos ventos etésios, também precisariam juntos experimentar as mesmas condições que o Nilo e, mais ainda, porque são menores, apresentam suas correntes mais fracas; e há muitos rios na Síria, e muitos na Líbia, os quais não experimentam nada semelhante ao

21. Nilo. E outro caminho é o mais sem conhecimento que o que já foi dito, mas é mais admirável de se dizer em palavra, o que diz que o rio corre a partir do Oceano[71] para que ele opere essas coisas, e que o Oceano

22. corre em volta de toda a Terra. E o terceiro dos caminhos é muito mais razoável, embora seja o mais enganoso. Pois esse não diz nada de sensato, porque afirma que o Nilo corre a partir da neve derretida, que corre a partir da Líbia pelo meio da Etiópia e que se desenvolve no Egito; como, então, poderia correr, de fato, da neve, se corre a partir dos lugares mais quentes em direção aos mais frios? Portanto, é uma grande evidência, para um homem capaz de

---

70. Heródoto grafa τοὺς ἐτησίας ἀνέμους (*toùs etēsías anémous*), que literalmente significa "os ventos etésios", ou seja, os ventos que sopram vindos do noroeste do Mar Mediterrâneo durante a estação do verão. Portanto, são ventos que têm uma periodicidade, por isso a expressão também pode ser traduzida como "ventos periódicos".

71. Os antigos poetas acreditavam que o Oceano era um rio que circundava a Terra, dado que Heródoto demonstra que não é mais aceitável em sua época. Consultar Homero, *Ilíada*, XIX, 200 e 244; Hesíodo, *Teogonia*, 242 e 940.

raciocinar a respeito de tais coisas, que não é nada plausível que ele corra a partir da neve. O primeiro e o mais importante testemunho disso são os ventos que se mostram soprando quentes a partir desses territórios. O segundo é que o território continua sendo sem chuvas nem gelo; quando nele cai a neve, há muita necessidade de que chova em cinco dias, de modo que, se nevasse, esse mesmo território seria banhado por chuva. E o terceiro testemunho é de que os homens são negros por conta do calor. E ainda os milhafres[72] e as andorinhas estão lá por todo o ano, não o abandonam, e os grous fogem do inverno que há no território da Cítia[73] e vão para o inverno em lugares diferentes. Portanto, se nevasse tanto quanto nesse território e pelo qual o Nilo corre e de onde começa a correr, não haveria nada disso, como a necessidade diz.

23. E quem falou a respeito do Oceano, porque remonta um mito obscuro, não há o que refutar; pois eu mesmo não conheço um rio que seja Oceano, e Homero[74], ou algum dentre os primeiros poetas que existiram, parece-me que inventou esse nome e o introduziu na sua poesia.

24. E se, depois de ter refutado as opiniões que foram expostas, devo eu mesmo mostrar a minha a respeito desses assuntos obscuros, direi por qual razão me parece que o Nilo se enche no verão; durante a estação do inverno, o sol se afasta da sua órbita original por conta das tempestades e vai para os territórios do alto da Líbia. Então tudo já foi dito e demonstrado de modo brevíssimo; pois, quando esse deus[75] está mais próximo de qualquer lugar desse território, é provável que esse seja o mais esgotado pela sede de água e pelas correntes locais

---

72. Uma espécie de ave de rapina.

73. Região situada entre a Ásia e a Europa, conhecida por Eurásia. Seus habitantes, os citas, eram conhecidos pela sua extrema habilidade com o arco e a flecha.

74. Poeta épico heleno a quem é atribuída a autoria dos versos em hexâmetro dactílicos da *Ilíada* e da *Odisseia*. Estudos realizados sobre a cronologia de suas obras nos trazem informações de que elas datam dos séculos XII a IX a.C.

75. Heródoto refere-se ao Sol, considerado uma divindade entre os antigos.

25. dos rios. Como demonstrarei em um argumento mais consistente, que é do modo que se segue. Quando o sol atravessa os territórios do alto da Líbia, faz o seguinte: como por todo o tempo o ar é sereno nesses territórios, e a região está exposta ao sol e sem ventos frios, quando o sol passa por lá, age igual; também durante o verão, como está acostumado a fazer quando vai para o meio do céu, pois puxa para si a água, depois de puxá-la, leva-a embora para a parte alta do território, quando os ventos a carregam e a dispersam, fazendo-a evaporar; e os ventos que costumeiramente sopram a partir desta região, o Noto[76] e o Lips[77], são em muito os mais chuvosos dentre todos os ventos[78]. Mas me parece que o sol não restituiu a todo momento para o Nilo toda a sua água anual, mas que também a deixa um pouco para si. Quando o inverno se torna brando, o sol retorna para o meio do céu e, doravante, já puxa igualmente a água de todos os rios. Durante todo o tempo, pelas águas da chuva que se misturam todas com eles, porque o território é banhado pela chuva e sulcado por cursos d'água, eles correm cheios; e quando as chuvas de verão os abandonam, ficam enfraquecidos pelo sol que puxa a sua água. E o Nilo, quando está sem a água da chuva e sua água é puxada pelo sol, pois é o único dentre os rios que é provável durante essa mesma época que corra para si mesmo em nível muito mais baixo que durante o verão, porque, nesse momento, depois de todas as águas por igual serem absorvidas, é o único exaurido durante o inverno. Assim, considero o sol a causa desses acontecimentos.

26. E essa é a causa que eu mesmo tenho no meu pensamento para nesse território ter o ar seco, queimando-o durante a sua travessia. Assim, os territórios do alto da Líbia estão sempre no verão. Se a posição das estações fosse alterada na parte do céu que agora tem o vento norte e o inverno estabelecido, e a posição do vento sul e

---

76. Filho de Eos e de Cetreu, Noto é a deificação do vento sul, quente e carregado de umidade.

77. Filho de Urano e de Geia, Lips é a deificação do vento sudoeste.

78. Todos os ventos eram comandados por Éolo, o deus dos ventos.

do meio-dia nela, e o vento sul se estabelecesse nela, e o vento norte estivesse nela também, se isso fosse assim, o sol, quando fosse afastado do meio do céu pelo inverno e o vento norte, iria para o alto da Europa como agora vai para o da Líbia, atravessando por toda Europa, eu presumo que faria o que realiza no Rio Istro[79] como agora nos territórios do Nilo.

27. E a respeito da brisa fresca, porque ela não sopra a partir do Nilo, a minha opinião é a seguinte: que em muitos dos territórios quentes não é plausível que nenhuma brisa fresca sopre, mas que ela costuma soprar vinda de algum

28. território frio. Portanto, seja isso como é e como foi no início. Nenhum dos egípcios, nem dos líbios, nem dos helenos que vieram até mim para as conversas empenhou-se em saber sobre as nascentes do Nilo, a não ser um dos escribas dos tesouros dos santuários de Atenas, em Sais[80], no Egito. Parece-me que esse brincava comigo, dizendo que conhecia isso com exatidão. E ele dizia o seguinte: há dois montes, cujos pontos mais altos eram pontiagudos, e estavam localizados entre a cidade de Siene[81], na Tebaida[82], e a de Elefantina. Os dois montes tinham os nomes um de Crófi e outro de Mófi; de fato, as nascentes do Nilo são abismais, correm pelo meio desses montes, e a metade de sua água corre para o Egito na direção do vento norte e a outra metade corre para a Etiópia na direção do vento sul. De que modo as suas nascentes são abismais, disse[83] que Psamético, rei do Egito, partiu para uma experiência crucial; pois ele mesmo desceu uma corda trançada de muitos mi-

---

79. Rio Istro é o atual Rio Danúbio, que corta a região conhecida pelos antigos como Dácia. Vemos aqui, então, uma inconsistência geográfica, o que nos leva a crer que Heródoto se enganou com o nome.

80. Cidade localizada na região do Baixo Egito, próxima ao Delta do Nilo, foi capital do Egito no século VIII a.C., durante a XXIV dinastia egípcia.

81. Cidade da província Tebaida famosa por sua intensa atividade comercial.

82. Província localizada no chamado Alto Egito.

83. Veremos adiante que Heródoto se refere a um escriba.

lhares de braças pelo monte e não atingiu o seu fundo. De fato, esse escriba, se for verdade que aconteceu isso que ele disse, mostrou, como eu entendo, que naquele lugar havia alguns fortes redemoinhos e um refluxo, de tais características que a água é lançada contra os montes, de modo que a corda trançada da sondagem não pode atingir o seu fundo.

29. E não podia ser informado por nenhum outro, mas fui informado com mais profundidade por esta outra ocasião, quando fui, como testemunha ocular, até a cidade de Elefantina, e já fiz a investigação a partir do que eu ouvia. Além da cidade de Elefantina, indo para a parte alta da cidade, o território é íngreme; neste lugar, então, a embarcação deve atravessar amarrada por ambos os lados, como se fosse um boi; e se a embarcação for separada dele, é levada pela força da correnteza. E esse território requer quatro dias de navegação, e nele o Nilo é sinuoso como o Meandro; e esses são doze cordéis de distância, os quais devem ser cruzados navegando desse modo. E depois se atinge a planície uniforme, na qual o Nilo corre em torno de uma ilha; cujo nome é Tacompsos. Os etíopes habitam os territórios já a partir de Elefantina e a metade da ilha, a outra metade é dos egípcios. Um grande lago é vizinho da ilha, em volta dela, habitam alguns etíopes nômades; depois de atravessá-lo, chegarás à correnteza do Nilo, que deságua nesse lago. Em seguida, após desembarcar, faz-se uma caminhada pela margem do rio, que requer quarenta dias; pois sinuosidades agudas despontam no Nilo e há muitos rochedos pouco elevados sobre a água, através dos quais não é possível navegar. Atravessando esse território em quarenta dias, novamente entrando em outra embarcação, para navegar durante doze dias, depois é possível alcançar grande cidade, cujo nome é Méroe[84]. Diz-se que essa cidade é a metrópole do restante dos etío-

84. Antiga cidade da Núbia, localizada na margem esquerda do Rio Nilo, no vale deste rio entre o Egito e o Sudão. O local, hoje, é tombado e considerado um Patrimônio Mundial pela Unesco, visto que há vestígios que indicam a construção de mais de duzentas pirâmides neste local. Méroe é também a cidade da mítica rainha de Sabá.

pes; neste lugar, que os únicos dentre os deuses que eles veneram são Zeus e Dioniso[85], os quais eles honram magnificamente, onde eles têm estabelecido um oráculo de Zeus, são realizadas expedições militares, quando esse deus lhes ordena, por meio de palavras oraculares, contra quem ele lhes ordenar,

30. e para onde for. A partir dessa cidade, navegando em semelhante tempo ao outro, quanto levaste quando vieste de Elefantina para a metrópole dos etíopes, chegarás aos automolos[86]. E o nome desses automolos é Asmach, e esta palavra, conforme a língua dos helenos, significa: "os que estão situados à mão esquerda do rei". Esses mesmos levantaram o número de duzentos e quarenta mil combatentes egípcios para esses etíopes pela seguinte razão: à época em que Psamético era rei, uns guardas posicionaram-se na cidade de Elefantina, em frente aos etíopes, também em Dafne de Pelúsio; outra parte em frente aos árabes e assírios, e em Maréa, em frente aos líbios; e, ainda em minha época, também os persas, conforme essas disposições, os guardas sustentam-nas como também foi à época de Psamético; pois os persas montaram guarda em Elefantina e em Dafne. Então, os egípcios montaram guarda lá durante três anos, ninguém foi dispensado da guarda; e eles se reuniram para deliberar e, servindo-se de um comum acordo, todos se afastaram de Psamético e foram para a Etiópia. Depois de ter sido informado sobre o fato, Psamético os perseguiu; e quando os alcançou, pediu-lhes, por meio de muitas palavras, para que eles não se permitissem abandonar os seus deuses pátrios, seus filhos e suas mulheres; e conta-se que um deles, mostrando as suas partes pudendas, disse que esses estariam ali, e que, ali mesmo, com elas, estariam seus

85. Filho de Zeus e Sêmele, deus da vinha, do vinho e do delírio místico. Um episódio marca o nascimento de Dioniso: sua mãe pede a Zeus que lhe apareça com todo o seu esplendor. Zeus atende ao seu pedido; no entanto, o fulgor divino foi tamanho que Sêmele se transformou em cinzas. Antes disso, como estava grávida de seis meses, Zeus rapidamente retirou-lhe o filho e o costurou em sua coxa.

86. Nome que pode significar "os que vão por si mesmos", "os que vêm por si mesmos", ou ainda "desertores", "trânsfugas".

filhos e suas mulheres. Esses, em seguida, partiram para o Egito e se entregaram ao rei dos etíopes. Ele lhes retribuiu o presente da maneira que se segue: havia alguns divergentes dentre os etíopes natos; então, ordenou-se que estes fossem expulsos da terra para que aqueles a habitassem. E, depois de eles terem se instalado nos territórios etíopes, porque eles aprenderam os costumes egípcios, os etíopes se tornaram civilizados.

31. Portanto, por até quatro meses de navegação e de estrada, o Nilo é conhecido, além do seu curso no Egito; pois essa é a quantidade de meses que eu calculei, os meses que foram descobertos pelo tempo que levamos para ir de Elefantina a esses automolos; e ele corre do oeste e do sol poente. A partir desse ponto, ninguém pode dizer nada com clareza, pois esse território é deserto por causa do calor ardente.

32. Mas ouvi os homens de Cirene[87] dizendo o seguinte: que tinham ido ao oráculo de Ámon e foram ter conversas com Etearco, rei dos amônios, e, de algum modo, saíram das conversas variadas para o que foi dito a respeito do Nilo, que ninguém conhecia suas nascentes. E Etearco disse que, um dia, os homens nassamones tinham ido à sua presença (esse povo é líbio, habita Sirtes e o território não muito longe, em direção a leste); e quando eles foram até os nassamones lhes perguntaram se ainda tinham mais a dizer a respeito dos desertos da Líbia e disseram que havia entre eles alguns filhos insolentes dos homens mais poderosos, os quais, quando se tornaram homens, planejaram outros empreendimentos extraordinários; além disso, sortearam cinco dentre eles para observar os territórios desérticos da Líbia, também para que os observadores vissem um tanto mais do muito que já foi visto. Pois uma parte dos territórios pela costa norte da Líbia, começando do Egito até o mais alto ponto do Cabo Solos[88], que é o

87. Colônia fundada pelos antigos helenos no território da Líbia. Por ser a mais importante das cinco cidades fundadas pelos helenos, a saber: Cirene, Arsínoe, Euespérides, Balagras e Barce, a região recebeu o nome de Cirenaica, ou de Pentápolis.

88. Extremo do norte da África, onde hoje está situado o Marrocos.

ponto extremo da Líbia, ao longo de todo esse território vê-se os líbios e os seus diversos povos, exceto a parte em que os helenos e os fenícios habitam; a outra parte desse território situado abaixo da linha do mar e dos povos habitantes do litoral; a Líbia está repleta de animais selvagens, e mais ao sul dos territórios habitados pelos animais selvagens é uma região arenosa, extremamente desprovida de água, é o deserto mais inabitado de todos. Então, aqueles jovens enviados por terem a mesma idade, bem equipados com água e alimentos, para ir primeiro através do território habitado, e depois o terem atravessado, chegaram ao território cheio de animais selvagens e, depois disso, atravessaram o deserto e percorreram o caminho em direção ao vento Zéfiro[89]. Atravessaram um extenso território arenoso, em muitos dias, de fato, para ver, certo dia, árvores nascidas na planície, e eles se aproximaram delas para pegar os frutos que estavam no alto das árvores; no momento em que eles os pegavam, homens pequenos se aproximaram deles, homens menores que as medidas convencionais, que os aprisionaram e os levaram; nenhum dos nassamones conhecia a língua dos seus raptores nem eles a dos nassamones. Então, eles os conduziram através dos pântanos extensíssimos e atravessaram esses territórios para chegar a uma cidade, na qual todos tinham alturas semelhantes a dos que estavam sendo levados, mas tinham a pele negra. Ao lado da cidade, passava um grande rio que corria a partir do seu oeste em direção ao sol nascente, no qual apareciam crocodilos.

33. De fato, o relato do amônio Etearco parece-me que foi o bastante, exceto que dissesse que os nassamones retornaram, como diziam os cireneus, também que eles chegaram a esses homens que eram todos feiticeiros. E, quanto ao rio que corria ao longo da cidade, de fato, Etearco entedia que era o Nilo; além disso, o seu raciocínio é assim sustentado, pois o Nilo corre da Líbia cortando a parte central do seu território; e como eu entendo pelos acontecimentos que se mostram, que não eram conhecidos, por ter tido prova deles, ele se estende como o Istro pelas mesmas proporções.

---

89. Filho de Eos (personificação da Aurora) e de Astreu, Zéfiro é a personificação do vento do oeste, um vento agradável e suave, considerado o mensageiro da Primavera.

Pois o Rio Istro se inicia a partir do território dos celtas e da cidade de Pirene[90], e corre cortando o centro da Europa (os celtas que estão além das Colunas de Héracles[91] avizinham-se aos cinésios, que são os últimos habitantes dos territórios do lado oeste, dentre os que fundaram colônias na Europa); e o Istro termina no mar, correndo nele até o Ponto Euxino[92], ao longo de toda a

34. Europa; os colonos milésios habitam ao lado da cidade istria. De fato, Istro, porque corre pelo território habitado, é conhecido por muitos, e ninguém pode dizer nada a respeito das nascentes do Nilo, pois a Líbia através da qual ele corre é inabitada e desértica. A respeito do que foi dito sobre o seu curso, na medida do possível, investiguei ao máximo para alcançar essas informações. Ele deságua no Egito, e o Egito está localizado mais ou menos em frente à parte montanhosa da Cilícia; e de lá em direção a Sinope, no Ponto Euxino, um caminho reto, que dura cinco dias para um homem disposto; e a cidade de Sinope está localizada em frente ao lugar em que o Istro deságua no mar. Assim, penso que o Nilo, atravessando toda a Líbia, se iguala ao Istro. Então, já disse o suficiente a respeito do Nilo.

35. Vou estender o meu relato sobre o Egito, porque ele tem mais maravilhas que qualquer outro território e apresenta obras dignas de grande relato em comparação a qualquer outro território; por esses motivos, falarei mais a respeito dele. Os egípcios têm, ao mesmo tempo, um clima diferenciado, apropriado a eles, e um rio que apresenta uma natureza diferente da dos demais rios, e a maioria de todas as coisas que estabeleceram em seus costumes e leis tem característi-

---

90. Nome dado pelos antigos à cidade que se localizava no sopé do que hoje chamamos Pirineus, as altíssimas montanhas situadas entre a França e a Espanha. Pirene também é a capital dos celtas da Europa, localizada na região da Gália.

91. Filho de Zeus e Alcmena, são inúmeras as histórias que envolvem o herói heleno; dentre as mais famosas, está o ciclo dos Doze Trabalhos, façanhas executadas por determinação de seu primo Euristeu, como expiação pelo assassinato dos filhos que gerara com Mégara. Plutarco compôs uma biografia sobre o herói, da qual nos resta apenas um fragmento recolhido por Flacelière (fr. 8 Fl.).

92. O Mar Negro era originalmente chamado de Ponto Euxino.

cas contrárias às dos outros homens. Entre eles, as mulheres compram e vendem, enquanto os homens ficam em suas casas e trabalham na tecelagem. Enquanto os outros tecem empurrando a trama do alto para baixo, os egípcios a empurram de baixo para cima. Os homens carregam os fardos sobre suas cabeças, enquanto as mulheres os carregam sobre os ombros. Enquanto as mulheres urinam em pé, os homens urinam acocorados. E elas fazem suas necessidades em suas casas, mas se alimentam fora de casa, nas vias públicas, argumentando que algumas necessidades vergonhosas devem ser feitas em um lugar que seja escondido, mas outras, que não são vergonhosas, devem ser feitas em um lugar que seja aberto. Nenhuma mulher é sacerdotisa, nem de um deus masculino nem de um feminino, mas todos os homens são sacerdotes de todos os deuses. Os filhos não têm nenhuma obrigação de alimentar seus pais, se não o quiserem,

36. enquanto as filhas têm toda a obrigação de alimentá-los, mesmo se não o quiserem. Os sacerdotes dos deuses, em qualquer outra localidade, deixam seus cabelos crescerem longos, enquanto no Egito eles raspam a cabeça. Entre os demais homens, é costume, juntamente às honras fúnebres, os que são mais próximos do morto rasparem suas cabeças, enquanto os egípcios, em homenagem aos seus mortos, deixam seus pelos crescerem na cabeça e no queixo, e, durante todo o restante do tempo, raspam a cabeça. Entre os demais homens, o seu cotidiano é vivido longe dos animais, mas os egípcios vivem o seu cotidiano no mesmo lugar que os animais. Os outros homens vivem de alimentos provenientes do trigo e da cevada, enquanto, entre os egípcios, ter a sua existência provida por esses alimentos é considerado a maior vergonha, mas preparam seus alimentos com espeltas[93], que alguns chamam de "trigo"[94]. Por um lado, eles misturam as massas de farinha de espelta com os pés,

---

93. Segundo o dicionário *Houaiss*, é uma vegetação gramínea, nativa do Mediterrâneo, cultivada desde a Antiguidade; é uma das principais fontes de calorias consumidas pelo homem, com inúmeras variedades, que germina em solos pobres; trigo vermelho.

94. Heródoto grafa τὰς ζειὰς (*tàs zeiàs*), termo que podemos traduzir por "trigo" ou "espelta", por associação. No entanto, está claro no texto que se trata de um cereal diferente do trigo, por isso o uso das aspas na tradução. Além disso, não

por outro, eles misturam a argila com as mãos e também as usam para carregar esterco. Quanto às partes pudendas, os demais homens permitem que cresçam normalmente, exceto os que aprenderam os hábitos deles, porque os egípcios praticam a circuncisão. Cada um dos homens traja duas vestimentas, enquanto cada uma das mulheres traja apenas uma vestimenta. Enquanto os demais homens prendem os ilhós e as cordas das velas do lado de fora, os egípcios prendem-nos do lado de dentro da embarcação. Os helenos escrevem suas letras e contam com suas pedrinhas, movendo sua mão da esquerda para a direita, enquanto os egípcios fazem essas tarefas movendo sua mão da direita para a esquerda; embora façam assim, eles dizem que o fazem para a direita, enquanto os helenos, para a esquerda. E eles utilizam dois tipos de escrita, uma delas eles chamam sagrada; e a outra, popular.

37. E eles são de longe os mais tementes aos deuses dentre todos os homens e têm os seguintes costumes: bebem em tacinhas de bronze, que eles lavam todos os dias, não um e outro não, mas todos o fazem. Trajam vestimentas de linho sempre recém-lavadas, prestando atenção, sobretudo, nisso. E praticam a circuncisão dos seus genitais por causa da limpeza, preferindo estarem mais limpos do que bem-vestidos. E os sacerdotes raspam todo o corpo a cada três dias, para que não tenham piolho e para que nenhum outro tipo de contaminação lhes ocorra quando estão servindo aos deuses. Os sacerdotes trajam vestimentas somente de linho e calçam sandálias feitas de papiro, não lhes é permitido usar nenhum outro tipo de vestimenta nem sandálias de outros materiais. Banham-se duas vezes a cada dia, cada uma delas com água fria, e ainda duas vezes por noite, e cumprem com outras inúmeras cerimônias religiosas, por assim dizer. Mas vivenciam coisas boas, não poucas; pois não consomem nem gastam nada de suas propriedades, também os alimentos sagrados são cozidos para eles; todos os dias, cada um deles tem grande quantidade de carnes de bois e de gansos e lhes dão vinho de uva; não lhes é permitido se alimentarem de peixes. Os egípcios não

---

traduzimos tal palavra por "espelta", visto que Heródoto já usa o termo ὄλυρα (*ólyra*) para "espelta", isto é, o seu significado original.

semeiam nenhum tipo de fava no seu território e, quando elas nascem, não as comem nem cruas nem cozidas; de fato, os sacerdotes não suportam quando as veem, considerando que nenhuma fava é pura. E não se consagra sacerdote apenas um, mas muitos para cada um dos deuses, e apenas um deles é o chefe dos sacerdotes; quando algum deles morre, o seu filho o substitui.

38. Os bois vigorosos são considerados posses de Épafo[95], por essa razão, eles os submetem à prova da seguinte maneira: quando se vê uma única mancha preta que seja no animal, esse não é considerado puro. E é designado um dos sacerdotes que procura isso no animal, colocando-o de pé, deitado de costas e puxando sua língua para fora, se há sinais estabelecidos para um animal puro, sobre os quais eu falarei em outro relato; e ainda examina os pelos da cauda, se têm nascido conforme a natureza. Se o animal for puro dentre todos esses aspectos, assinala-o, enrolando um papiro em volta dos seus chifres, e depois de moldar a terra para receber um selo, pressiona-a com o sinete do seu dedo; e assim se retiram. A penalidade imposta a quem sacrifica um animal não selado é a morte. Submete-se à prova então o animal do seguinte modo, e o sacrifício

39. é por eles estabelecido assim: conduzem o animal sinalizado para o altar onde se realiza sacrifícios, acedem o fogo, depois derramam vinho em volta do animal a ser sacrificado, invocam o deus e o degolam. Depois de degolá-lo, arrancam-lhe a cabeça. Então, desossam o corpo do animal, e muitas vezes lançam imprecações à sua cabeça e a levam embora; quando eles têm uma ágora e helenos entre os povos que são seus comerciantes, eles a levam para a ágora e a vendem para eles; mas, se eles não tiverem helenos presentes nela, eles a jogam no rio. Os sacerdotes lançam imprecações sobre sua cabeça, dizendo as seguintes palavras: se algo de mal for acontecer

---

95. Filho de Zeus e de Io, Épafo foi rei do Egito por volta do século XVI a.C. De acordo com o mito de Épafo, quando Io foi metamorfoseada em vaca, ela vagou sem rumo por toda a Terra, perseguida por Hera, a esposa ciumenta de Zeus, mas, durante a sua andança, encontrou refúgio às margens do Rio Nilo, onde deu à luz Épafo, que significa "o toque de Zeus", que foi criado por Telégono, o seu pai mortal, rei do Egito, a quem sucedeu após a sua morte.

ou para eles mesmos que realizaram o sacrifício ou ao Egito inteiro, que isso se volte para essa cabeça. Portanto, quanto às cabeças dos animais sacrificados e à libação do vinho, todos os egípcios utilizam os mesmos costumes em todas as oferendas sagradas e, a partir desse costume, nenhum egípcio comerá

40. a cabeça de nenhum outro ser vivo. De fato, a extração das entranhas dos animais sacrificados e a sua queima ocorre de forma distinta para diferentes tipos de sacrifício, estabelecidos por eles; sobre quem eles consideram ser a sua maior divindade e para quem eles realizam a maior festa, sobre isso irei falar. Depois de eles terem esfolado inteiramente o boi, oram e retiram dele todo o seu estômago e abandonam as vísceras principais e a gordura dele dentro do seu corpo, cortam suas pernas e o alto da região dos seus quadris, a parte superior das suas patas dianteiras e a parte de trás do seu pescoço. Depois de fazerem isso, eles enchem a outra parte do corpo do boi com pães puros[96], mel, uva-passa, figos, incenso, mirra e as demais especiarias; terminado seu preenchimento, eles o queimam, derramando sobre ele uma quantidade abundante de azeite de oliva. Depois de jejuar, eles realizam o sacrifício e, enquanto as oferendas sacrificiais queimam, todos eles golpeiam a si mesmos; depois de eles terem se golpeado, servem-se em um banquete com as partes das oferendas sacrificiais que separaram.

41. Portanto, todos os egípcios sacrificam bois puros, os mais vigorosos e os vitelos, enquanto não lhes é permitido sacrificar as vacas, mas são oferendas sacrificiais de Ísis[97]. Pois a estátua de Ísis era de uma figura feminina com chifres de vaca, conforme os helenos

---

96. Isto é, que não foram feitos com trigo ou cevada, mas com espelta.

97. Ísis é a esposa de seu irmão Osíris, mãe de Hórus, o Deus dos Céus. A deusa é considerada a mãe dos deuses e a divindade relacionada à magia. A representação mais recorrente de Ísis é a de uma vaca segurando o símbolo da Lua, por isso esse animal é consagrado à deusa. Outro aspecto interessante dessa divindade é que, ao contrário das demais divindades egípcias, Ísis não tinha um local específico para o seu culto, além de ter alcançado prestígio entre os antigos helenos e os romanos.

representavam Io[98], e todos os egípcios igualmente veneram de modo mais considerável as vacas de todos os rebanhos. Por causa disso, nenhum homem e nenhuma mulher do Egito poderia beijar um homem heleno na boca, nem utilizar uma faca de um homem heleno, nem espetos de assar, nem um caldeirão para cozinhar carne, nem comer a carne de um boi puro cortado com a faca de um heleno. Eles enterram os gados mortos do seguinte modo: atiram as vacas no rio e os bois são enterrados, cada um dos subúrbios os tem nele, e um dos chifres, ou ambos, é colocado para fora, em razão de ser um sinal distintivo do lugar. E depois de ele ter se putrefeito e de ter chegado o tempo determinado, uma embarcação se aproxima de cada uma das cidades, vinda de uma ilha chamada Prosopítis. Ela está localizada no Delta, o seu perímetro é de cordéis. Nessa ilha de Prosopítis, também há um grande número de outras cidades, mas de onde as embarcações provêm para recolher os ossos dos bois, o nome da cidade é Atarbequis, na qual foi dedicado um templo sagrado a Afrodite. Muitos outros indivíduos espalham-se dessa cidade para outras cidades, escavam os ossos, levando-os consigo, e enterram todos em um único território. Do mesmo modo que fazem com esses bois, enterram os demais animais que morrem; pois também, a respeito desses assuntos, assim lhes foram estabelecidos pelos costumes; pois, de fato, eles não os matam.

42. De fato, aqueles que dedicam um templo a Zeus Tebano, que são de uma província tebana, esses todos se mantêm longe das ovelhas e sacrificam as cabras (pois, de fato, todos os egípcios não veneram os seus deuses do mesmo modo, exceto Ísis e Osíris, então dizem que ele é Dioniso; e que todos os veneram do mesmo modo); aqueles que possuem um templo de Mendes, ou são da província mendésia, esses se mantêm longe das cabras e sacrificam as ovelhas. Portanto,

---

98. Filha de Ínaco, rei de Argos, raptada pelos fenícios. Trata-se de uma personagem mítica, que despertou o amor de Zeus. Para escapar ao ciúme descontrolado de Hera, o pai dos homens e dos deuses a transformou em uma novilha e a entregou ao pastor Argos. Mas a perseguição continuou e, em seu movimento de fuga, Io alcançou o Egito e lá foi cultuada por eles com o nome de Ísis; ver: Apolodoro, *Biblioteca*, II, 1.1-3.

os tebanos e os egípcios são os que mantêm longe as ovelhas por causa de alguns acontecimentos; dizem que a lei lhes foi estabelecida pelos seguintes motivos: Héracles queria de toda maneira ver Zeus, mas o deus não queria ser visto por ele e, por fim, depois de Héracles ter insistido, Zeus tramou o seguinte: tirou a pele de um carneiro, colocou na sua fronte a cabeça cortada do carneiro, vestiu o tosão e assim se mostrou para ele. Desde então, os egípcios moldam suas estátuas de Zeus com a cabeça de um carneiro, e os amônios fazem-na graças aos egípcios e aos que são colonos dos egípcios e etíopes, e que falam uma língua que está entre ambas. Parece-me que também o nome que os amônios têm vem disso, eles o colocaram como o seu epônimo; pois os egípcios chamam Zeus de Ámon. E os tebanos não sacrificam os carneiros, mas são sagrados para eles por isso. Mas, em um único dia do ano, na festa de Zeus, eles tiram a pele de apenas um carneiro e o degolam; de acordo com esse mesmo relato, vestem a estátua de Zeus com ele e, em seguida, carregam outra estátua de Héracles para defronte da dele; depois de fazer isso, todos os que estão em volta do templo dão golpes no peito em sinal de luto pelo carneiro e, em seguida, eles o enterram em um túmulo sagrado.

43. E a respeito de Héracles, ouvi o seguinte relato: que ele era um dos doze deuses. Mas outro relato a respeito de Héracles que os helenos conhecem, em parte alguma do Egito eu pude ouvir. Ainda que certamente o nome de Héracles não tenha sido transmitido pelos helenos, mas, sem dúvida, os helenos o tomaram dos egípcios, e esses helenos colocaram o nome de Héracles no filho de Anfitrião[99], tenho muitas e outras evidências de que isso foi desse modo e, ainda no seguinte acontecimento, que ambos os pais desse Héracles, Anfitrião

---

99. Filho de Alceu, rei de Tirinte, e de Astidameia, filha de Pélops. O mito de Herácles narra que seu pai mortal casara-se com Alcmena e que, durante uma expedição militar, Zeus metamorfoseou-se em Anfitrião e manteve relações sexuais com a jovem. Então, Alcmena deu à luz dois filhos, Íficles e Héracles, o primeiro era filho de Anfitrião e o segundo, de Zeus. A descoberta deu-se depois de Hera, a esposa traída de Zeus, ter enviado duas serpentes ao leito dos meninos, quando Héracles dominou-as e esmagou-as, revelando assim a sua identidade. Sobre o mito, consultar Apolodoro, *Biblioteca,* II, 4.8.

e Alcmena[100], eram naturais desde a sua origem do Egito, e por isso os egípcios dizem que não conhecem os nomes de Posídon[101] nem dos Dióscoros[102], e que estes deuses não são aceitos como deuses entre os seus demais deuses. Se eles tivesse adotado o nome de alguma divindade dos helenos, seria mais provável que tivessem conservado desses deuses não uma parca memória, mas uma mais marcante deles, se é que, de fato, já naquela época os homens praticavam a arte da navegação e alguns desses navegadores eram helenos, como suponho e a minha opinião se sustenta; desse modo, os egípcios conheceriam mais os nomes desses deuses que o de Héracles. Mas Héracles é um deus antigo entre os egípcios; como eles dizem, passaram-se dezessete mil anos até a época do reinado de Amásis[103], desde que os doze deuses foram engendrados pelos oitos deuses, um dos quais acreditam que seja Héracles.

---

100. Sobre sua origem, sabemos apenas que Alcmena descende do herói Perseu. Mulher de Anfitrião e mãe de Héracles, era notável por sua tamanha beleza, que despertou o interesse de Zeus por ela.

101. Deus dos mares, filho de Crono e Reia. Como deus do mar, Posídon tem o poder de controlar as ondas, as tempestades, as marés, os rios e os lagos, e ainda de criar fontes, tudo com o toque de seu tridente.

102. Os Dióscoros são os irmãos gêmeos Castor e Polideuces (conhecido também pelo nome latino de Pólux), filhos de Leda, irmãos de Helena e de Clitemnestra. Conforme o mito, os irmãos eram filhos de pais diferentes; Polideuces e Helena eram filhos de Zeus, enquanto Castor e Clitemnestra eram filhos de Tíndaro, o marido mortal de Leda; por essa razão, eram também conhecidos como Tindáridas. No entanto, ambos teriam nascido cada um de um ovo posto por Leda, porque Zeus havia se metamorfoseado em cisne para ter relações sexuais com ela. Os irmãos teriam nascido na mais alta montanha de Esparta, conhecida por Taígeto. Todos eram de origem peloponésia, tal como se acredita que seja a origem de Héracles, herói muito cultuado na região. Segundo o mito, Héracles pertence à linhagem de Perseu e Andrômeda, originários da Argólida, e esta é tida como a verdadeira pátria do herói. Portanto, Heródoto nos apresenta uma versão que destoa da mitologia helena, trazendo-nos, assim, a versão dos egípcios.

103. Faraó egípcio, 570-526 a.C., nasceu em Sais, região do Baixo Egito. Amásis impediu a invasão babilônica no Egito, expulsando o rei Nabucodonosor de seu território. Também concedeu privilégios aos helenos da cidade de Náucratis, o que demonstra suas boas relações com eles, além de ter escolhido uma esposa de origem helena.

44. Por querer conhecer esses assuntos com clareza de quem eu pudesse obtê-la, fiz uma viagem de navio até Tiro[104], na Fenícia[105]; neste lugar, fui informado de que havia um templo sagrado de Héracles[106]. E o vi ricamente adornado com muitas e diferentes oferendas votivas; neste mesmo lugar, havia duas colunas: uma de ouro purificado, a outra de esmeralda, uma pedra que brilhava intensamente durante a noite. E, quando eu fui para as conversas com os sacerdotes do deus, perguntei-lhes quanto tempo havia se passado desde que o templo fora construído; e descobri que eles não estavam de acordo com os helenos; pois disseram que o templo do deus havia sido edificado na mesma época em que Tiro havia sido construída, e que haviam se passado dois mil e trezentos anos desde quando eles construíram Tiro. E vi em Tiro também outro templo de Héracles em que seu nome era Tasos[107]. E parti também para Tasos, na qual encontrei um templo de Héracles edificado pelos fenícios, aqueles que, navegando à procura de Europa[108], colonizaram Tasos; e esses acontecimentos se

---

104. Antiga cidade do Mar Mediterrâneo situada na Fenícia, cujas atividades comerciais eram intensas. Não por acaso, Apriés escolheu Sídon e Tíron, ambas eram as principais fontes de riquezas dos fenícios, as mais ricas da região, seus habitantes migraram para o norte da África e fundaram a grandiosa Cartago, que também se desenvolveu por ser um grande entreposto comercial, que rivalizava com a Sicília, vencendo-a em combates, tornando-se a senhora do comércio mediterrâneo, até ser destruída por Roma na chamada Terceira Guerra Púnica, em 146 a.C., o que revela a extensão do poder de Cartago.

105. Região da Ásia localizada próxima à ilha de Chipre, cuja atividade principal era o comércio; três de suas cidades destacavam-se nessa atividade: Tiro, Sídon e Biblos.

106. Templo construído pelos colonos fenícios dedicado ao deus Melkart, cuja figuração primitiva era a de Héracles. Estima-se que tenha sido fundado após a Guerra de Troia, por volta do século XII a.C. Neste templo, estavam representados os Doze Trabalhos de Héracles talhados em bronze.

107. Ilha localizada no Mar Egeu, próxima à costa da Trácia, cuja colonização foi feita pelos habitantes da ilha de Paros.

108. Filha de Agenor e de Telafaassa; quando brincava na praia de Tiro, no reino de seu pai, Zeus a viu e se apaixonou por ela. Então, o deus dos deuses e dos homens a transformou em um resplandecente touro branco e, ao tentar manter relações sexuais com ela, Europa, metamorfoseada em touro, fugiu nas ondas do mar e foi parar em Creta, junto a uma fonte, na cidade de Gortina, onde Zeus satisfez seu desejo. Europa

passaram há cinco gerações desses homens, antes de Héracles, filho de Anfitrião, nascer na Hélade[109]. Portanto, as minhas investigações mostram claramente que Héracles é um deus antigo. E parece-me que esses dentre os helenos fizeram o que era mais correto: edificaram e dedicaram dois templos a Héracles e realizam sacrifícios para um, como um sendo um imortal, que tem o nome de Olímpio, enquanto, para o outro, eles sacrificaram como sendo um herói.

45. Mas os helenos contam muitos e diferentes acontecimentos sem reflexão; uma história tola deles é esta que contam a respeito de Héracles: depois de ele ter chegado ao Egito, os egípcios o coroaram e conduziram-no em procissão, e realizaram sacrifícios para ele como se fossem para Zeus; e, durante muito tempo, ele ficou tranquilo e, quando começaram a prepará-lo para levá-lo ao altar, ele voltou sua força contra todos eles e os massacrou. Portanto, parece-me que os helenos contam essas coisas por serem completamente ignorantes a respeito da natureza dos egípcios e dos seus costumes. Pois, entre eles, não se pode sacrificar animais, exceto porcos, vitelos, bois vigorosos, quantos não sejam puros, e gansos; como eles poderiam sacrificar seres humanos? E ainda sendo Héracles um só e ainda um ser humano, como dizem, como seria natural que ele matasse muitos milhares de homens? E, a respeito desses acontecimentos, nós dissemos tantas coisas, e que haja benevolência dos deuses e dos heróis.

46. De fato, os egípcios para os quais eu perguntei isso não fazem sacrifícios com cabras nem bodes pelos motivos que se seguem. Os mendésios contam que Pan[110] está entre os oito deuses, que, segundo

---

teve três filhos com Zeus: Minos, Sarpédon e Radamante. Enquanto esses fatos se consumavam, o rei Agenor enviou uma expedição à procura de sua filha, tanto a expedição como sua filha nunca retornaram. Depois da morte de Europa, Zeus transformou o touro em uma constelação, que passou a ser um dos signos do Zodíaco.

109. Os gregos antigos reconheciam-se como helenos, e sua região era chamada de Hélade, pois eram descendentes de Heleno, filho de Deucalião e Pirra.

110. Filho de Hermes e de Dríope, Pan é considerado o deus dos pastores e dos rebanhos. Os helenos contam que ele é originário da Arcádia, é representado como uma divindade semi-humana, tem um rosto barbudo, o queixo saliente e a testa

eles dizem, são esses oito deuses que nasceram antes dos doze deuses; os pintores o retrataram e também os escultores esculpiram estátuas de Pan, do mesmo modo que os helenos, com rosto de cabra e pernas de bode, mas de maneira alguma eles consideram que tenha esse aspecto, mas sim semelhante aos demais deuses; e por qual razão eles o representam desse modo não me é apropriado dizer. E os mendésios veneram todos os caprinos, ainda mais os machos que as fêmeas, e entre eles os pastores de cabras recebem honras maiores; e um único é o mais importante dentre todos os caprinos, aquele para o qual, depois de morrer, um longo luto é instituído a toda província mendésia. E, na língua egípcia, chama-se tanto o bode como Pan de Mendes. Aconteceu nessa província, à minha época, essa coisa monstruosa: um bode teve relações sexuais abertamente com uma mulher; isso alcançou notoriedade entre os homens.

47. E os egípcios acreditam que o porco seja um animal impuro; também isso, se alguém tocasse em um porco passando entre eles, então ele se afastava, caminhava até o rio e mergulhava com suas túnicas; e isso: os porqueiros, mesmo sendo egípcios de nascimento, eram os únicos dentre todos que não entravam em nenhum templo do Egito[111], nem queriam dar suas filhas em casamento para eles, nem aceitar as deles em casamento, mas os porqueiros davam e aceitavam suas filhas em casamento uns aos outros. Portanto, os egípcios não consideram justo sacrificar um porco para qualquer um desses deuses, para Selene[112] e Dioniso, que são os únicos ao mesmo tempo, na mesma lua cheia, que, depois de sacrificar os porcos, comem suas carnes.

---

com dois chifres; seu corpo é peludo e os membros inferiores são de bode. Os seus atributos mais frequentes são uma siringe (flauta de Pan), um cajado de pastor e uma coroa de pinheiro.

111. É interessante perceber as diferenças nos costumes dos egípcios com relação aos dos helenos, pois Homero, na *Odisseia*, confere ao porqueiro da família de Odisseu, que se chamava Eumeu, o epíteto de divino, assim como vemos no Canto XIV, verso 48: δῖος ὑφορβός (*dîos hyphorbós*), ou seja, "divino porqueiro".

112. Personificação da Lua, Selene era filha de Hipério e Tia, representada por uma mulher bela e jovem. Como Hélio (personificação do Sol), que conduzia um carro dourado, ela conduzia um carro prata, puxado por dois cavalos.

Por qual motivo eles repelem os porcos com horror nas suas outras festas, e os sacrificam nesta, há um relato a respeito disso contado pelos egípcios; todavia, eu acredito que isso não é o mais apropriado para ser dito. E este sacrifício dos porcos é feito a Selene; depois de ser sacrificado, coloca-se a ponta do rabo, o baço e o epíploo, esconde-os por dentro, igualmente se faz com toda a gordura do animal que fica em volta do seu estômago, e, em seguida, queima-o no fogo. Eles comem as carnes restantes na lua cheia, na qual eles realizaram o sacrifício das oferendas sagradas; além disso, em outro dia, eles não as provarão. E os pobres dentre eles, pelo escasso modo de vida, moldam um porco em um preparado com massa de farinha

48. e, depois de assarem esse preparado, realizam seus sacrifícios com eles. E cada um deles oferece a Dioniso um leitão degolado na noite da sua festa, colocado diante de suas portas, para que o leitão seja levado pelos seus porqueiros, por aquele mesmo de quem foi comprado. E os egípcios celebram o restante da festa a Dioniso, quase em tudo conforme as mesmas práticas dos helenos, exceto as danças. Em lugar dos falos, eles têm outras invenções, como estátuas com um côvado de altura, movidas por meio de cordas, que as mulheres carregam pelos povoados, movendo suas partes pudendas, não muito menores que o restante do corpo; e um flautista anda na frente, enquanto elas o acompanham cantando hinos a Dioniso. Por qual motivo têm as partes pudendas maiores e por qual razão somente essas partes do corpo se movem, há um livro sagrado que discorre a respeito disso.

49. E então me parece que Melampo[113], filho de Amitáon, não ignorava esse tipo de sacrifício, mas o conhecia bem. Pois, de fato,

---

113. Filho de Amitáon e de Idomene, Melampo pertence à raça de Creteu e de Tiro. O nome Μελάμπους (*Melámpous*) significa o homem de pés negros, pois, segundo o seu mito, sua mãe o colocou na sombra, mas os seus pés ficaram expostos ao sol. Na infância, Melampo adquiriu o dom da adivinhação, depois se tornou médico, com a capacidade de purificar os doentes. Heródoto refere-se ao episódio no qual Melampo salva as filhas de Preto, o rei de Argos, Lisipe, Ifianassa e Ifínoe, que foram acometidas por uma loucura e perambulavam pelo Peloponeso imaginando que eram vacas. Para tanto, Melampo retirou as jovens das montanhas com a ajuda de mulheres que dançavam e gritavam, forçando-as a voltar para Sícion, onde as purificou, mas a filha mais velha, Ifínoe, morreu de cansaço.

Melampo foi quem instituiu o nome de Dioniso, esse tipo de sacrifício e a procissão do falo. Por não ter compreendido exatamente tudo, ele esclareceu o assunto, mas os sábios que vieram depois dele esclareceram melhor isso; e quanto a realizar uma procissão com o falo de Dioniso, Melampo foi quem a instituiu e, a partir de então, aprenderam a fazer os rituais que fazem os helenos. Então, eu digo que Melampo tornou-se um homem sábio ao estabelecer a sua própria arte divinatória e ao procurar conhecer muitas e diferentes práticas do Egito para instituí-las entre os helenos, também as práticas em torno de Dioniso, embora as tenha alterado um pouco. Pois, de fato, não direi que os rituais realizados para o deus no Egito ocorram de ser os mesmos entre os helenos; pois há semelhanças nos hábitos com os helenos, porém não admito que sejam recentes. Não direi nada sobre como os egípcios tomaram dos helenos esse ou outro costume qualquer. Mas parece-me que Melampo estava mais informado a respeito dos rituais em torno de Dioniso por Cadmo, o tírio, por aqueles que estavam com ele, quando vieram da Fenícia para a região que hoje é chamada de Beócia.

50. Ainda os nomes dos deuses, quase todos, vieram do Egito para a Hélade. Por esse motivo, eles vieram dos bárbaros, assim eu descobri que eram, após ter sido informado; penso que vieram especialmente do Egito. Porque, de fato, a não ser Posídon e os Dióscoros, como já foi dito por mim antes, também Hera[114], Héstia[115],

---

114. Filha de Crono e de Reia, irmã e esposa de Zeus, é a principal deusa do Olimpo. A principal característica de Hera retratada na literatura é a sua indignação frente à infidelidade de seu companheiro, não poupando esforços para perseguir os amantes de Zeus e os frutos dessas uniões ilegítimas. A deusa era considerada a protetora da cidade de Argos; segundo Pausânias, Hera foi homenageada por Policleto de Argos, 460-410 a.C., com a construção de uma estátua colossal em que a deusa estava sentada em um trono e coberta de ouro e marfim, com uma coroa em que havia a representação das Cárites e das Horas, e ainda trazia na mão esquerda uma romã e o seu cetro na mão direita; sobre o cetro havia um cuco, que Pausânias afirmava ser o símbolo do amor de Zeus e Hera. Tal obra se tornou referência para as futuras representações da deusa. Consultar Pausânias, *Descrição da Grécia*, II, 17. 3-4.

115. Filha de Crono e de Reia, Héstia é considerada a deusa do lar. Como personificação do Lar, ela é o centro religioso da casa e da morada dos deuses.

Têmis[116], as Cárites[117] e as Nereides[118], os nomes dos demais deuses sempre foram os de outrora neste território. Digo os nomes que os próprios egípcios chamam. E os nomes dos deuses que dizem não conhecer, parece-me que estes foram nomeados pelos pelasgos, exceto Posídon. Eles conheceram esse deus por intermédio dos líbios; pois nenhum deles tinha o nome de Posídon desde o início, a não ser para os líbios, que sempre honraram esse deus. Então, os egípcios não cultuam nenhum dos heróis.

51. Portanto, esses e outros costumes além desses, os que eu relatarei, os helenos adotaram dos egípcios; e fizeram as estátuas de Hermes[119], que têm suas partes pudendas eretas, não porque aprenderam isso com os egípcios, mas com os pelasgos, e os primeiros dentre todos os helenos a copiá-las foram os atenienses, e os demais aprenderam com eles. Pois, à época em que os pelasgos se tornaram habitantes do mesmo território, eles reconheciam os atenienses como helenos, por isso também esses helenos começaram a ser nomeados assim. Quem quer que fosse iniciado nos mistérios dos secretos ritos orgiásticos dos cabeiros, os quais os

116. Deusa protetora da justiça e das leis dos homens. Ao contrário do que muitos pensam, ela não é a deusa da justiça, mas sim a sua filha Diké. Têmis, filha de Geia e Urano, foi a segunda esposa de Zeus; a primeira foi Métis; e Hera, a terceira.

117. Filhas de Zeus e de Eurínome, elas são mais conhecidas como as Cárites, por influência da língua latina, por serem divindades relacionadas à beleza. São representadas por três irmãs: Eufrosine, Talia e Aglaia, que moram no Olimpo e trazem alegria para os homens e os deuses.

118. Filhas de Nereu e de Dóris, são divindades marinhas, netas de Oceano. Em geral, são representadas por cinquenta mulheres, que são as ondas do mar. Segundo o mito, elas viviam no fundo do mar, sentadas em tronos de ouro, ao lado do pai, e ocupavam o seu tempo com o trabalho de fiar, tecer e cantar.

119. Filho de Zeus e de Maia, nasceu em uma caverna, no alto do Monte Cilene, na região sul da Arcádia. Mensageiro de Zeus, Hermes é o intérprete da vontade divina, também considerado o deus do comércio e do roubo. Ele acompanhava os viajantes pelas estradas; sua imagem era representada nos caminhos em forma de um pilar, cuja parte superior tinha a forma de um homem barbado e a parte de baixo tinha órgãos sexuais bem salientes. Além disso, é considerado o deus dos pastores e encarregado de conduzir as almas dos mortos para o Hades.

samotrácios praticam por terem aprendido com os pelasgos, esse homem sabe o que estou dizendo; pois esses pelasgos que primeiro habitaram a Samotrácia[120], estes, que se tornaram habitantes do mesmo território que os atenienses, e os samotrácios aprenderam os secretos rituais orgiásticos com eles. Portanto, há estátuas de Hermes com as partes pudendas eretas, porque os atenienses foram os primeiros dentre os helenos a aprender a fazê-las com os pelasgos. E os pelasgos falaram de um livro sagrado a respeito disso, no qual, entre os mistérios dos samotrácios, os secretos rituais orgiásticos estão demonstrados.

52. E os pelasgos primeiro sacrificavam tudo depois de fazerem preces aos deuses, como eu sei, por ter ouvido, em Dodona[121], mas não faziam referência a nenhum epíteto nem nome a nenhum dos deuses; pois jamais tinham ouvido falar de algum deles. Porque eles atribuíam os nomes dos seus deuses a partir daquilo que lhes era estabelecido pela ordem natural das coisas, por isso eles obtiveram todos os seus costumes e todos os seus assuntos. Depois de transcorrido muito tempo, eles souberam os nomes dos outros deuses que vieram do Egito, mas eles souberam do de Dioniso muito mais tarde; e depois desse tempo, eles foram consultar o oráculo a respeito desses nomes em Dodona; pois, de fato, esse local de respostas oraculares era considerado o mais antigo dos oráculos na Hélade, também era o único desse período. Então, depois de os pelasgos terem consultado os oráculos em Dodona, para saber se eles deveriam adotar os nomes vindos dos bárbaros, a resposta oracular proferida foi para que eles os adotassem. De fato, depois dessa época, eles fizeram sacrifícios utilizando os nomes desses deuses; os helenos os

53. receberam mais tarde dos pelasgos. De onde cada um dos deuses havia nascido, de fato, sequer se todos sempre existiram, quais eram

120. Ilha do norte do Mar Egeu, localizada entre a Hélade e a Ásia Menor.

121. Localizada na região de Épiro, é o mais antigo santuário da Grécia, o seu primeiro templo dedicado à deusa Reia ou Geia, a deusa-mãe. Depois, foram construídos diversos templos dedicados a Héracles, Dione, Afrodite, Têmis e Zeus; no período clássico, o oráculo de Zeus era o mais consultado.

as suas imagens, eles não sabiam até anteontem ou ontem, por assim dizer em palavra. Pois, durante a época de Hesíodo[122] e Homero, parece-me que são mais antigos em quatrocentos e vinte anos, não mais; esses são os que compuseram uma teogonia[123] para os helenos, deram nomes e epítetos aos seus deuses, atribuíram-lhes honras e habilidades, também mostraram suas imagens; mas parece-me pelo menos que os poetas anteriores que narram esses assuntos nasceram depois desses homens. As sacerdotisas de Dodona contam sobre as primeiras informações a respeito desses assuntos, mas as últimas informações tidas sobre Hesíodo e Homero, eu mesmo estou afirmando.

54. E a respeito dos oráculos, um que há na Hélade e outro na Líbia, os egípcios contam a história que se segue. Os sacerdotes de Zeus Tebano me contaram que duas mulheres sacerdotisas foram raptadas pelos fenícios de Tebas, e que uma delas, conforme foram informados, foi colocada à venda na Líbia, enquanto a outra foi para a Hélade; e essas mulheres foram as que instituíram os primeiros assentos para as respostas oraculares entre esses povos já citados. Depois de ter-lhes perguntado de onde sabiam tão precisamente as coisas que diziam, responderam que ocorreu uma grande busca dessas mulheres feita por eles, e que eles descobriram que não podiam prejudicá-las, e que foram informados mais tarde

55. sobre os acontecimentos a respeito delas, o que eles me contaram. Então, eu ouvi isso dos sacerdotes que estavam em Tebas, mas as profetisas dos dodoneus contam o que se segue. Duas pombas negras dos egípcios vieram voando de Tebas, uma delas em direção à Líbia, enquanto a outra veio na direção deles; esta pousou em um carvalho com bolotas comestíveis e começou a gritar alto, com uma voz humana, que deveria ter um local de respostas oraculares ali mesmo que fosse de Zeus, que eles mesmos compreenderam que aquilo

---

122. Poeta nascido na cidade de Ascra, na Beócia, século VIII a.C. Autor de *Teogonia* e *Os trabalhos e os dias*.

123. Teogonia significa "nascimento ou origem dos deuses", na qual se apresenta a genealogia dos deuses; consultar, por exemplo, a *Teogonia*, de Hesíodo.

lhes era um anúncio divino e eles o fizeram por isso. Enquanto a outra pomba, que foi habitar junto aos líbios, eles contam, ordenou aos líbios que construíssem uma sede do oráculo de Ámon; e esse também é de Zeus. As sacerdotisas dos dodoneus, a mais velha delas tinha o nome de Promeneia, enquanto a depois dessa, Timarete, e a mais jovem, Nicandra, contaram esses acontecimentos; estavam de acordo com elas também

56. os demais dodoneus que estavam em torno do templo. E eu mesmo tenho minha opinião a respeito desses acontecimentos, que é esta: se os fenícios verdadeiramente raptaram as mulheres que eram sacerdotisas, e uma delas foi vendida na Líbia, enquanto a outra o foi na Hélade, parece-me que essa mulher é chamada hoje de Hélade, mas antes esta mesma era chamada de Pelásgia, localizada no território dos tesprotos; em seguida, após ter sido escravizada, escolheu construir um templo de Zeus sob um carvalho com bolotas comestíveis já nascido neste local, como seria natural; por ter sido servidora no templo de Zeus, em Tebas, veio de lá, e aqui teve uma recordação dele. E, desde então, ensinou o que era um local de respostas de oráculo; em seguida, aprendeu a língua grega. E disse que sua irmã foi vendida na Líbia pelos

57. próprios fenícios, e que ela mesma tinha sido vendida por eles. Parece-me que as pombas que foram chamadas pelos dodoneus dessa época eram as mulheres, porque elas eram bárbaras, e parecia-lhes que elas gritavam alto do mesmo modo que os pássaros. E, depois dessa época, eles dizem que a pomba gritava alto com uma voz humana; em seguida, a mulher falava coisas que lhes eram compreensíveis; durante o tempo em que falava como um bárbaro, pareceu-lhes que gritava alto da mesma maneira que um pássaro, depois, de que maneira uma pomba poderia gritar alto com uma voz humana? E dizem que a pomba negra indicava que a mulher era egípcia. E a adivinhação que há entre os tebanos e entre os egípcios, também entre os dodoneus, tinha práticas bem parecidas entre uns e outros. Ainda há a arte divinatória dos templos vinda do Egito.

58. Então, a reunião para a festa nacional, as procissões, as cerimônias, os primeiros dentre os homens egípcios foram os que as realizaram, e os helenos aprenderam com eles. Tenho a seguinte prova disso: as festividades parecem ter sido realizadas desde há muito tempo, enquanto as dos helenos foram realizadas recentemente.

59. E os egípcios não celebram uma festa nacional uma única vez ao ano, mas estão reunidos frequentemente para uma festa nacional. A principal e mais cheia de ardor ocorre na cidade de Bubástis[124], em honra de Ártemis. A segunda mais importante ocorre na cidade de Busíris[125], em honra de Ísis; pois nessa cidade há um grande templo de Ísis; essa cidade do Egito está situada no meio do Delta, e Ísis, conforme a língua dos helenos, é Deméter. E a terceira em que eles celebram uma festa nacional acontece na cidade de Sais, em honra de Atena. E a quarta tem lugar na cidade de Heliópolis, em honra de Hélio. E a quinta ocorre na cidade de Buto[126], em honra de Leto[127]. E a sexta acontece na cidade de Papremis[128], em honra de Ares[129].

60. Então, sempre que os egípcios se conduzem para a cidade de Bubástis, eles fazem o seguinte: pois, de fato, os homens viajam de barco com as mulheres, e cada um deles em grande número, em cada uma das embarcações; algumas mulheres portam castanholas e fazem-nas ressoar sacudindo-as, enquanto alguns homens tocam flauta durante toda a viagem, e as mulheres restantes e os homens cantam e batem palmas. E, quando eles navegam e estão descendo para qualquer outra cidade, eles aproximam sua embarcação da

---

124. Cidade do Antigo Egito localizada no Delta do Rio Nilo. Também famosa pelo seu culto à deusa gato Bastet e por seu grande cemitério de gatos.

125. Cidade do Antigo Egito situada no vale do Rio Nilo. Busíris é conhecida por seus cemitérios suntuosos, nos quais a nobreza egípcia era enterrada.

126. Cidade localizada no vale do Rio Nilo.

127. Filha do Titã Ceu e da Titânide Febe, portanto, pertence à primeira geração divina. Leto é mãe de Apolo e de Ártemis, os quais teve com Zeus.

128. Cidade situada no Delta do Rio Nilo.

129. Filho de Zeus e de Hera, pertence à segunda geração dos deuses olímpicos, considerado o deus da guerra, do combate. Sobre a origem de Ares, consultar Hesíodo, *Teogonia*, 921-922. O culto de Ares estava associado ao deus egípcio Onúris.

terra e fazem o seguinte: algumas mulheres fazem as coisas que já foram citadas, enquanto outras debocham, gritando alto, das mulheres que estão nessa cidade, e outras ainda dançam, enquanto outras ficam em pé e erguem suas roupas; elas fazem essas coisas ao lado de cada cidade situada perto do rio. E, quando chegam em Bubástis, festejam e celebram com grandes oferendas sacrificiais, também consomem mais vinho vinhoso nessa festa do que em todo o restante do ano. E dizem que os habitantes locais frequentam juntos a festa, que há homem, mulher, exceto crianças, em uma quantidade que atinge setecentas mil pessoas.

61. De fato, eles fazem essas coisas nesse local, enquanto na cidade de Busíris é onde celebram a festa de Ísis, isso já foi dito por mim antes. Pois, então, todos os homens e todas as mulheres, depois das oferendas sacrificiais, batem em si mesmos, muitos e muitos milhares de homens; e com qual finalidade eles batem, não me é permitido pela lei divina dizer. Quantos dentre os cários são habitantes do Egito, esses em tamanha quantidade fazem essas coisas ainda mais, é evidente que eles são estrangeiros, não egípcios.

62. Quando se reúnem na cidade de Sais, na noite das oferendas sacrificiais, todos acendem lamparinas ao ar livre, formando um círculo em volta de suas casas. E as lamparinas são travessas cheias de sal e de óleo de oliva, e sobre a sua superfície há essa mecha da lamparina, e esta queima durante toda a noite. E o nome estabelecido para essa festividade é a Festa das Lamparinas[130]. Aqueles dentre os egípcios que não vão a essa festa nacional ficam atentos à noite das oferendas sacrificiais e acendem também todos eles as suas lamparinas, assim, elas não somente queimam em Sais, mas também sobre todo o território do Egito. E o motivo para haver essa iluminação e essa noite ser honrada, há um livro sagrado falando a respeito disso.

63. E aqueles que vão para Heliópolis e Buto cumprem somente com as oferendas sacrificiais. E, em Papremis, fazem as oferendas sacrificiais e os ritos sagrados conforme o que há na outra parte do

---

130. Λυχνοκαΐη (*Lykhnokaïē*), literalmente: “queima das lamparinas”, que pode ser traduzida como “iluminação com lamparinas”.

território; mas quando o sol está em seu declínio, alguns poucos sacerdotes se ocupam da estátua divina, enquanto a maioria deles porta cajados de madeira e fica de pé na entrada do templo; e outros cumprem seus votos, e são muito mais que mil homens, cada um deles portando bastões de madeira e estes são uma grande massa que se coloca de pé em lugares diferentes do templo. E a estátua divina está em um pequeno santuário de madeira coberto de ouro, que eles levam embora antes no dia precedente para outro templo sagrado. Os poucos sacerdotes que permanecem em torno da estátua divina puxam uma carroça com quatro rodas, carregando-a para o templo, e colocam a estátua divina no santuário, mas eles não permitem que as pessoas entrem, posicionando-se diante da entrada do templo, no vestíbulo; os que têm votos a honrar ao deus batem neles, enquanto eles se defendem. Ali mesmo há uma forte batalha com bastões de madeira, e eles espancam as cabeças uns dos outros; como eu penso, muitos morrem por causa dos traumas; todavia, os egípcios não me falaram sobre ninguém que tenha morrido. E os habitantes locais dizem que essa festa nacional é um costume que provém do seguinte: a mãe[131] de Ares habitava nesse templo, e Ares havia sido criado fora de casa; quando chegou à idade viril, quis conviver com sua mãe, e como os criados da sua mãe não o tinham visto antes, não o permitiram entrar, mas o expulsaram, e ele trouxe homens de outra cidade para expulsar rudemente os criados, para entrar e ficar junto da sua mãe. Desde então, dizem que houve o costume dessa pancadaria na festa em honra a Ares.

64. E eles foram os primeiros a observar as normas religiosas para que não houvessem relações sexuais com mulheres nos templos nem que eles entrassem nos templos sem estarem lavados depois do sexo com mulheres[132]. Pois quase todo o restante dos homens,

---

131. Trata-se da deusa Hera.

132. Heródoto refere-se à entrada dos homens nos templos após a consumação do ato sexual com uma mulher. É interessante perceber quanto uma parte da sociedade egípcia, segundo o relato herodotiano, trata a mulher como um ser maculado, pois o homem se torna sujo depois de uma relação sexual com ela, o que denota que a sujeira advém dela.

exceto egípcios e helenos, têm relações sexuais nos templos e não se lavam depois de terem relações sexuais com as mulheres para entrar no templo, porque consideram que os homens são como o restante dos animais. Pois todos os animais veem também as raças dos pássaros cobrindo as fêmeas nos templos dos deuses e nos recintos sagrados. Então, se isso não fosse agradável ao deus, os animais não fariam nada disso. Portanto, eles fazem tais coisas alegando isso, tenho para mim que não são ações agradáveis.

65. E os egípcios observam as normas religiosas de modo notável ao restante dos assuntos relacionados aos seus templos, além dos que se seguem. Apesar de o Egito ser fronteiriço com a Líbia, não é mais povoado por animais selvagens; esses animais são todos considerados sagrados por eles, e uns são criados pelos próprios homens e outros não. E se eu dissesse por quais motivos eles são tratados como sagrados, poderia aportar no discurso sobre os assuntos divinos, e eu evito falar a respeito dos mais importantes; e ainda me recuso a relatá-lo, sobre os quais falaria se fosse impelido pela necessidade. E é norma a respeito dos animais haver as coisas que se seguem. Os cuidados apontados para a sua alimentação são distintos para cada um deles, tanto os egípcios do sexo masculino quanto os do sexo feminino, dentre eles, a criança herda essa honra dos pais. E cada um deles em sua cidade, quando cumprem seus votos ao deus, fazem essas orações para um animal que é próprio do deus; raspam toda a cabeça dos seus filhos, ou a metade, ou a terça parte da cabeça, colocam seus cabelos na balança para pesar em troca de prata; e uma parte é levada e dada para quem cuida dos animais; e ela, em troca disso, corta um peixe e o oferece como alimento a seus animais. E esse alimento é comprado por eles mesmos. E se alguém matar um desses animais, se for por vontade própria, a punição é a morte, e, se for contra a vontade, a punição é o pagamento de uma multa que os sacerdotes estipularão. Mas aquele que matar uma íbis ou um falcão, quer seja por vontade própria, quer seja contra a vontade, é obrigatório que seja morto.

66. Esses homens têm muitos animais criados com eles, poderiam ser ainda mais numerosos, se não acontecesse com os gatos as coisas que se seguem. Quando as fêmeas dão cria, elas não mais vão para junto dos machos; e os que as procuram para copular com elas não as têm. Diante disso, mostravam-se astuciosos quanto às seguintes ações: depois de retirar seus filhotes e de levá-los embora, eles os matavam, todavia não tocavam neles. E as que eram privadas de seus filhotes ficavam desejosas por outros; assim, então, elas retornavam para junto dos machos; pois o animal tem amor por sua prole. Quando ocorre um incêndio, coisas inusitadas acontecem aos gatos. Pois os egípcios se organizam para fazer a proteção dos gatos, esquecendo de apagar o fogo do que está queimando, enquanto os gatos se esquivam, saltam por cima dos homens e pulam no fogo. Depois do ocorrido, os egípcios são tomados por enormes sentimentos de luto. Em qualquer casa onde morasse um gato que morreu por causas naturais, todos os que a habitavam raspavam somente suas sobrancelhas; e se um cão habitasse na casa, raspavam o corpo todo e a

67. cabeça. Depois de mortos, os gatos são levados para quartos sagrados, onde são embalsamados e enterrados, na cidade de Busíris. Quanto aos cães, cada um deles é enterrado na sua própria cidade, em túmulos sagrados. Exatamente assim como os cães, os icnêumones[133]. Os mussaranhos[134] e os falcões são levados para a cidade de Buto; e as íbis[135], para Hermópolis[136]. E os ursos são raros, enquanto

---

133. Uma espécie de rato nativo do Egito, cujo tamanho atingia o mesmo de um gato. Era venerado no Egito por ser um predador natural dos répteis, em especial dos ovos dos crocodilos, também conhecido como rato de faraó.

134. Os mussaranhos são considerados os menores mamíferos do mundo, medem em torno de 10 cm, são os predadores naturais dos insetos. Por seu metabolismo acelerado, comem incessantemente.

135. Ave do Egito que se assemelha à cegonha, vive nos pântanos e nos lagos, predadora natural de cobras peçonhentas, rãs, vermes, peixes, répteis. Essa ave era considerada sagrada. Embora Heródoto não mencione, ela era criada nos templos, embalsamada depois de morta e colocada nas residências dos faraós. Isso ocorria porque essa ave estava associada ao deus Tot, deus do tempo e da sabedoria, que era representado pela cabeça de uma íbis.

136. Literalmente, a cidade de Hermes, conhecida como a Cidade dos Oito Deuses, considerados os deuses primordiais, cujo deus principal era Tot.

os lobos não são em seu tamanho maiores do que as raposas, são enterrados no local onde são encontrados caídos.

68. E a natureza dos crocodilos é a que se segue. Durante os quatro meses mais invernais, eles não se alimentam de nada. Embora seja um animal com quatro patas, também é um habitante dos lagos e dos pântanos; põe seus ovos na terra e os choca; durante todo o dia, passa seu tempo na terra seca e, durante toda a noite, no rio; pois a água é mais quente que o ar livre e o orvalho. Dentre todos os seres mortais que nós conhecemos, esse é o que se torna maior depois de ter sido tão pequeno em sua origem; os seus ovos não são muito maiores do que os de um ganso quando são postos; e o crocodilo recém-nascido também nasce do mesmo tamanho do ovo, mas, depois de crescido, torna-se ainda maior, com dezoito côvados de extensão. E ele tem os olhos de porco, presas enormes, suas presas salientes são da mesma extensão do seu corpo. Dentre os animais, ele é o único que não nasceu com língua; nem move a mandíbula inferior, mas também é o único dentre os animais que aproxima a mandíbula superior à inferior. Ainda tem garras fortes e um couro escamado inquebrável sobre o seu dorso. E é cego dentro da água, enquanto tem a visão mais aguçada ao ar livre. Como o seu local de moradia é dentro da água, carrega sanguessugas dentro da sua boca cheia. Os outros pássaros e animais fogem dele, mas o carricinha[137] é o que fica em paz com ele, porque é útil para ele; pois quando o crocodilo sai da água para a terra, logo em seguida abre a sua boca (pois está habituado a fazer isso, em geral, para respirar o vento do oeste), então o carricinha mergulha na sua boca e engole as sanguessugas; e, porque ele se torna útil,

69. o crocodilo se alegra e não prejudica em nada o carricinha. De fato, uns entre os egípcios são sagrados, como os crocodilos, enquanto outros não, ao contrário, eles os tratam como inimigos. Os habitantes na região ao redor de Tebas e do Lago Méris consideram que eles são muito sagrados. E cada uma das localidades de todas

---

137. Uma espécie de pássaro pequeno, que mede de 11 cm a 13 cm.

essas regiões alimenta um crocodilo, porque é ensinado a ser manso, e colocam em suas orelhas ornamentos pendentes de pedras lapidadas e de ouro, braceletes em torno das suas quatro patas, dão-lhe alimentos reservados, oferendas sagradas, tratando-o da melhor forma possível enquanto estão vivos; quando morrem, eles os embalsamam e depois os enterram em túmulos sagrados. Os que habitam em torno da cidade de Elefantina também se alimentam deles, porque não consideram que eles sejam sagrados. Eles não os chamam crocodilos, mas *khámpsai*[138]; mas os iônios lhes deram nome de crocodilos, porque os crocodilos têm sua aparência semelhante à dos lagartos,

70. que existem nos territórios deles. Existem muitas e variadas maneiras que eles estabelecem para caçá-los; parece-me que a mais digna de relato é essa que descreverei. Quando um caçador coloca na superfície da água um gancho com um lombo de porco e o deixa flutuar até o meio do rio, depois ele fica em cima de um barranco do rio, com esse porco vivo, e fica espancando-o. Quando o crocodilo ouve os seus grunhidos, ele o segue pelos seus sons, e depois de encontrar o seu lombo, ele o engole; mas o caçador o arrasta. Quando ele é puxado com dificuldade para a terra, antes de tudo, o caçador, com um barro para essa circunstância, emplastra os seus olhos; depois de ter feito isso, sem muita dificuldade domina o restante das suas partes do corpo; mas se não fizesse isso, ele o caçaria com fadiga.

71. E os hipopótamos[139] são sagrados na província de Papremis, mas para o restante dos egípcios não. Quanto à natureza da sua aparência, é a que se segue. Eles são quadrúpedes, eles têm patas bifendidas, assim como as dos bois, o focinho achatado, com crina de cavalo no dorso, visíveis presas salientes, cauda de cavalo e relincham, seu

---

138. Em grego, χάμψαι (*khámpsai*), que também significa "crocodilos", apenas diferente do nome κροκόδειλοι (*krokódeiloi*), do qual nos inspiramos para chamar esse anfíbio de crocodilo.

139. Em grego, οἱ δὲ ἵπποι οἱ ποτάμιοι (*hoi dè hýppoi hoi potámioi*), que, literalmente, significa "os cavalos dos rios".

tamanho é tão grande quanto o de um enorme boi. E seu couro é assim, de fato, um tanto grosso, que, depois de ficar seco, faz-se lanças de setas com ele.

72. E ainda nascem lontras no rio, e eles pensam que elas são sagradas. E também consideram, dentre os peixes, que aquele chamado lepidoto[140] é sagrado, também a enguia; e diz-se que estes são as oferendas sagradas do Nilo, dentre os pássaros, os filhotes de gansos do Egito.

73. E existe ainda outro pássaro sagrado, cujo nome é fênix. Eu mesmo não o vi, a não ser em pintura; além disso, é raro a fênix voar por lá; como os heliopolitanos dizem, isso ocorre a cada cinco anos. Dizem que ele vem quando o seu pai morre. E existe, se for semelhante à pintura, quanto ao seu tamanho e à sua característica; uma parte das suas asas é cor de ouro, enquanto a outra é vermelha; e principalmente na forma e no tamanho é muito semelhante à águia. E eles dizem que esse pássaro tramou com engenho as seguintes coisas, mas tenho para mim que eles não dizem coisas confiáveis; dizem que ele vem apressado da Arábia para o templo de Hélio, para trazer o seu pai, que vem revestido na mirra, para enterrá-lo no templo de Hélio. E que ele o traz assim: em primeiro lugar, ele molda um ovo com a mirra, do tamanho que lhe for possível carregar, depois disso, realiza a experiência de enchê-lo, e logo depois de ele ter realizado esse experimento, esvazia o ovo para colocar o seu pai dentro e o modela com distinta mirra no mesmo lugar que ele esvaziou do ovo e por onde colocou o seu pai, e o seu pai envolto vem a ser o mesmo peso, e ele transporta o ovo modelado do Egito para o templo de Hélio. Eles dizem que são essas coisas que esse pássaro faz.

74. E existem serpentes sagradas em torno da região de Tebas, que de modo algum são nocivas aos homens, elas têm tamanhos pequenos e portam dois chifres nascidos no alto de suas cabeças, depois

---

140. Uma espécie de peixe nativo do Rio Nilo, que se destaca por ser grande e muito escamoso.

de mortas, elas são enterradas no templo de Zeus; pois dizem que elas são consagradas a esse deus.

75. E existe no território da Arábia e aproximadamente onde está localizada a cidade de Buto. Também fui para esse território para buscar saber a respeito das serpentes aladas. E, quando cheguei lá, vi ossos e espinhas dorsais das serpentes, que são impossíveis de serem contados; existiam acúmulos dessas espinhas dorsais, tanto grandes como menores e ainda minúsculas, e essas eram muitas. E é nesse território, no qual as espinhas dorsais estão esparramadas, que há as seguintes características: existe um estreito acesso vindo das montanhas para a extensa planície, e essa planície faz fronteira com a planície do Egito. Existe um relato a respeito disso: simultaneamente ao início da primavera, a serpente alada voa da Arábia para o Egito, enquanto os pássaros íbis vêm ao encontro delas nesse estreito acesso para o seu território, e as serpentes aladas não o atravessam, ao contrário, elas as massacram. E os árabes dizem que é por esse feito que a íbis é honrada magnificamente com relação aos egípcios; e eles concordam ainda

76. com os egípcios sobre as causas de esses pássaros serem honrados. E a aparência da íbis é esta: ela é todo terrivelmente negra, e suas pernas têm algo das do grou[141], o seu bico é acentuadamente curvado, e seu tamanho é mais ou menos o do cordonizão[142]. De fato, quando as íbis que são negras combatem contra as serpentes, esta é a sua aparência, enquanto daquelas que se aproximam mais e ficam em torno dos homens (pois, de fato, existem duas espécies de íbis) a aparência é a seguinte: sem plumagem na cabeça e no pescoço todo, suas asas são brancas, exceto a sua cabeça, o seu pescoço, na parte mais alta das suas asas, na ponta do seu

---

141. Conforme a definição dada pelo dicionário *Houaiss*: ave de grande porte, pernas e pescoço longos, cabeça parcialmente nua, bico reto e plumagem com penas brancas, cinza ou marrons.

142. Em grego, κρέξ (*créx*), que influenciou os ornitólogos na classificação da família deste pássaro *Crex crex*; como descreve Heródoto, trata-se de um pássaro muito parecido com uma íbis, também com um bico muito curvo.

rabo (essas partes, segundo disseram, são todas terrivelmente negras), e suas pernas e seu bico são semelhantes aos da outra espécie de íbis. E a forma das serpentes é semelhante à das que são aquáticas; não têm asas com penas, mas aproximadamente mais similar às asas dos morcegos. Mas já falei o suficiente a respeito desses animais sagrados.

77. De fato, dentre os próprios egípcios, os que habitam no território do Egito, que é semeado, exercitam mais sua memória do que todos os homens, são os mais conhecedores das lendas e das histórias do seu país, e muito, dentre os que eu fui para sondar. E o modo de vida que eles adotam é o seguinte: tomam purgativos por três dias consecutivos de cada mês e procuram alcançar a saúde com vômitos e líquidos de lavagens, pois consideram que todas as doenças que ocorrem nos homens são provenientes dos alimentos que comem. Os egípcios, aliás, são também, depois dos líbios, os mais saudáveis dentre todos os homens que já foram vistos; parece-me que isso ocorre em razão de as estações do ano não sofrerem alterações climáticas; uma vez que as doenças entre os homens acontecem especialmente nas épocas das mudanças climáticas, dentre todas as outras causas; além disso, as mudanças das estações do ano são a principal causa. E eles se alimentam de pão, com os pães que eles fazem com espelta, aos quais eles dão o nome de *ciléstis*[143]. Eles utilizam um vinho feito a partir dos grãos da cevada; pois eles não têm videiras em seu território. Eles se alimentam de peixes, uns crus, colocados ao sol para secar, e outros, conservados na salmoura; e eles se alimentam também, dentre as aves, das codornas, dos patos e das pequenas aves cruas, conservadas na salmoura; e quanto às demais espécies, ou de pássaros, ou de peixes, exceto as que são aceitas por eles como sagradas, eles se alimentam das restantes assadas ou cozidas.

78. Nos encontros convivais dos seus ricos, depois de terem terminado de jantar, um homem carrega um cadáver representado em

---

143. Em grego, κυλλῆστις (*kýllēstis*), cujo verbete é traduzido como "pão egípcio feito com grão de trigo de qualidade inferior".

uma urna cinerária de madeira, imitado o mais próximo possível em sua pintura e seu entalhe, com o tamanho total de mais ou menos um ou dois côvados; depois de o homem tê-lo mostrado para cada um dos convivas, ele diz: "Quando olhares para isto, bebe e te alegra; pois estarás assim depois de morto". E fazem isso nos seus banquetes.

79. E eles adotam os costumes dos seus antepassados, e não lhes acrescentam nada. Entre os seus costumes, existem hábitos que são diferentes e únicos, além disso, existe um único hino, o de Lino[144], cantado na Fenícia, em Cipro[145] e em outros territórios; todavia, conforme o povo, ele tem um nome, mas é o mesmo que os helenos cantam, ao qual dão o nome de Lino, para ficar admirado com muitos e outros assuntos a respeito dos egípcios, um deles ainda é o de onde eles adotaram o nome de Lino. E eles parecem que sempre cantaram esse hino no passado. E Lino, entre os egípcios, é chamado Maneros. E os egípcios me disseram que ele era o único filho do primeiro rei do Egito; porque ele morreu jovem demais, ele era honrado pelos egípcios com esses cantos fúnebres, e que esse era o primeiro e o único hino que eles tinham.

80. Ainda acontece de os egípcios terem outro costume diferente dos helenos que somente os lacedemônios têm, que é o seguinte: os mais jovens, quando se encontram com os mais velhos que eles, retiram-se do caminho, desviam-se e se levantam do assento quando eles se aproximam. Todavia, acontece de eles terem outro costume diferente dos helenos, que não existe em parte alguma: em vez de conversarem uns com os outros em seus caminhos, saúdam-se tocando suas mãos nos seus joelhos.

---

144. Filho de Apolo, mas o seu pai mortal era Anfímaro, e de Urânia, uma das nove Musas, e ainda irmão de Orfeu. Lino é considerado um exímio músico, ao qual se atribui a invenção do ritmo e da melodia. Conta-se que ele aprendeu o alfabeto fenício com o rei Cadmo, mas estabeleceu um nome para cada letra, assim como uma forma. Em sua narrativa mítica, há ainda o relato de que ensinara um pouco de sua arte ao herói Héracles.

145. O nome que os antigos helenos davam à ilha de Chipre.

81. E eles trajavam túnicas de linho com franjas em volta das pernas, as quais eles chamam *calasíris*[146]; e sobre elas portavam mantos brancos de lã, jogados por cima. Todavia, eles não entram trajados com roupas de lã nos templos nem são enterrados com elas, pois isso não é permitido pela lei divina. E eles concordam com as mesmas coisas, que são os chamados rituais órficos[147] e báquicos[148], mas que são, na realidade, tanto dos egípcios quanto dos pitagóricos[149]; pois, dentre os que partilham esses cultos secretos, não é permitido pela lei divina que sejam enterrados com vestimentas de lã. Existe um livro sagrado que discorre a respeito desses assuntos.

82. Também existem outras coisas que foram descobertas pelos egípcios: ainda qual dentre os deuses há para cada dia e cada mês, também para cada um que nasce em tal dia o que a sorte lhe destina, como será o seu fim e como alguém será; também aqueles dentre os helenos que se ocupam da poesia utilizam esses dados. E sinais celestes foram descobertos por eles mais do que por todos os outros homens; pois, quando ocorre um sinal celeste, eles vigiam o

---

146. Em grego, καλασίρις (*kalasíris*), uma longa veste de linho egípcia.

147. Rituais praticados por praticantes do Orfismo, religião formada por práticas e rituais nascidos durante o período helenístico, que têm como inspiração o mítico Orfeu, poeta conhecido por ter descido e retornado do Hades, a mansão dos mortos, em busca de sua amada Eurídice. Por se tratar de rituais secretos, não temos relatos destinados à descrição de suas práticas.

148. Rituais relacionados a Dioniso, deus do vinho, sobre os quais existem relatos que remontam ao período arcaico. Tanto os rituais báquicos como os órficos nos são desconhecidos em seus detalhes; existem referências esparsas sobre suas práticas, o que nos impossibilita sistematizá-los.

149. Destacam-se por estar entre os mais antigos filósofos pré-socráticos, cujo mestre é o filósofo Pitágoras de Samos, 570-496 a.C., fundador da Escola Pitagórica, que tinha a Matemática como a ciência principal de seu pensamento corrente; o Pentagrama, ou estrela de cinco pontas, era o símbolo de sua Escola. Havia um elemento místico, por conta da crença na metempsicose, a transmigração da alma, que influenciara o platonismo. Assim como os rituais anteriores, não conhecemos detalhes de suas práticas.

que vai acontecer e registram, e se algo semelhante a isso acontece depois, consideram que o que virá em seguida será o mesmo.

83. E está estabelecido por eles que a arte divinatória é deste modo: essa arte não é apropriada a nenhum dos homens, mas para alguns deuses. Pois existem, neste território, oráculos de Héracles, de Apolo, de Atena, de Ártemis, de Ares e de Zeus, e o que eles mais honram dentre todos os oráculos é o de Leto, localizado na cidade de Buto. Todavia, os oráculos não são consultados por eles do mesmo modo, existem diferenças.

84. E a arte médica é dividida por eles de acordo com estes preceitos: cada médico é especializado em uma única doença, não em muitas. E todo o seu território é cheio de médicos; pois uns médicos são destinados às doenças dos olhos, outros às da cabeça, outros às dos dentes, outras às do ventre, outros às doenças desconhecidas.

85. Ainda os seus cantos de lamentação e ritos fúnebres são realizados da maneira que se segue: entre eles, quando morre um homem da família, que seja um digno de menção, todo o gênero feminino dessa família, de acordo com isso, emplastra sua cabeça com barro ou também a face, em seguida, depois de deixar o cadáver em suas casas, as mulheres circulam pela cidade batendo em si mesmas, tiram suas roupas até a cintura e mostram seus seios. Depois de elas terem feito isso, todas as que são membros da família ficam com elas; enquanto, de um outro lado, os homens batem em si mesmos e também tiram suas roupas até a cintura. Depois de fazerem isso, assim eles o levam para o embalsamamento.

86. E existem os que estão acostumados a esse tipo de atividade e que exercem essa arte. Esses, quando um cadáver é trazido para eles, mostram modelos de cadáveres feitos na madeira aos que o trouxeram, que foram imitados realisticamente por sua pintura. E, quanto ao modo mais apreciado por eles, dizem que é o daquele que eu não tenho permissão divina para dizer o seu nome em um assunto desse tipo; e, em segundo lugar, eles mostram a sua, feita de maneira inferior e mais barata; e, em terceiro lugar, a mais barata. E depois de terem informado sobre as formas de embalsamamento, perguntam-lhes por qual desses modos eles querem que o cadáver seja preparado. Depois de eles terem concordado sobre o pagamento, uns vão embora, enquanto os outros são deixados em seus estabelecimentos para fazê-lo do melhor modo possível. Em primeiro lugar, eles retiram o encéfalo com um ferro curvado por meio de suas narinas, e umas partes dele assim retiram, enquanto outras o fazem infundindo remédios nele. Depois disso, com uma pedra etíope afiada, fazem uma incisão ao longo do flanco, de onde retiram todas as entranhas de sua cavidade, purificando-as e limpando-a com um vinho produzido de folhas de palmeiras; novamente, limpam-na com a queima de incensos moídos. Em seguida, depois de eles terem enchido o ventre de mirra pura moída, cássia e outros tipos de perfumes para embalsamar os mortos, exceto de incenso, eles costuram de volta a parte cortada. Depois de fazerem isso, embalsamam o cadáver com nitrato de potássio, cobrindo-o para guardá-lo por setenta dias; mas não é permitido ficar embalsamado desse modo mais do que esses dias. Depois de passados os setenta dias, eles lavam o cadáver e enfaixam todo o seu corpo com faixas de um fino tecido de linho cortado em pedaços, que eles untam com goma; de fato, os egípcios utilizam essa goma no lugar da cola. A partir disso, os seus parentes o retiram junto a eles e fazem sua representação de madeira[150] com a forma humana; feito isso, eles colocam o cadáver dentro dele, depois eles o fecham, inclinando-o, e assim o preservam na

87. casa funerária, colocando-o em pé, reto, na parede. Assim os cadáveres são preparados quando escolhem a forma mais dispendiosa. Os que preferem a forma intermediária, evitando a forma mais dispendiosa, são preparados do modo que se segue. Depois de eles terem enchido as seringas de óleo preparado com cedro, então preenchem o ventre do cadáver com esse preparado, não cortando o seu flanco nem retirando as suas entranhas, mas injetando o líquido com seringa no seu ânus e ficando atentos para que o líquido não retorne pelo canal do reto; eles o embalsamam durantes os dias estabelecidos. No último dia, eles permitem que

---

150. Trata-se da confecção de um esquife, uma espécie de caixão para os defuntos egípcios.

esse óleo seja antes expelido pelo seu ventre; e a sua potência é tamanha, de modo que expele, ao mesmo tempo, as suas entranhas e o restante das suas partes internas dissolvidas; e as carnes são dissolvidas pelo nitrato de potássio, e restam, de fato, somente a pele e os ossos do cadáver. Depois de terem feito isso, eles devolvem o cadáver assim, nada

88. mais sendo feito nele. E a terceira forma de embalsamamento é feita do seguinte modo, que é como se preparara os que são mais carentes de dinheiro; depois de limparem com uma planta purgante o seu ventre, eles o embalsamam durante setenta dias e,

89. em seguida, eles o entregam para que seja levado embora. E quanto às mulheres dos homens notáveis, depois de terem morrido, não são prontamente entregues para ser embalsamadas, nem as mulheres que são muito belas e de muito valor; mas, depois de se consumar o terceiro ou quarto dia, assim elas são entregues àqueles que as embalsamam. Eles assim o fazem por causa do seguinte motivo: a fim de que os embalsamadores não tenham relações sexuais com essas mulheres; pois dizem que um deles foi pego tendo relações sexuais com um cadáver recente de uma mulher, e que foi denunciado pelo seu colega de ofício.

90. Aquele, ou dentre os egípcios, ou dentre os estrangeiros, que igualmente seja capturado por um crocodilo, ou pelo próprio rio, e aparece morto, por esse motivo, a cidade paga-lhe uma indenização; é completamente obrigatório que os embalsamadores trabalhem nele e que os preparativos para o seu funeral sejam os mais belos rituais funerários, e que ele seja colocado em um recinto sagrado. Não é permitido que ele seja tocado por qualquer um, nem por aqueles que são seus parentes, nem por aqueles que são seus amigos, mas somente os próprios sacerdotes do Rio Nilo podem tocá-lo, porque é algo mais que o cadáver de um humano, e eles o pegam com suas mãos e o enterram.

91. E eles evitam adotar costumes dos helenos; para dizer de forma resumida, não adotam de modo algum os costumes de nenhum outro povo. Portanto, os demais egípcios preservam isso. Mas há Quêmis, uma grande cidade da província de Tebas, próxima a

Neapolis; nessa cidade, existe um templo quadrado de Perseu, filho de Dânae[151], e em volta dele nasceram palmeiras; e os vestíbulos do templo eram feitos de pedras muito grandes; e sobre eles havia duas estátuas de pedras enormes, colocadas de pé; e nesse recinto sagrado existe um santuário, no qual há uma estátua de Perseu em pé. Esses quemitas dizem que Perseu aparece muitas vezes para eles nessa terra, e que frequentemente ele está dentro do templo, e encontram uma sandália que ele calçava, que tem o tamanho de dois côvados; e quando ela aparece, todo o Egito se torna abundante. Eles dizem isso, e fazem, à moda helena, em honra a Perseu, o seguinte: com competições gímnicas estabelecidas por todo tipo de disputa, fornecem prêmios de animais, mantos de inverno e peles. E perguntei-lhes por que Perseu costumava aparecer somente para eles e por que eles se separavam dos outros egípcios quando estabeleciam as competições gímnicas, e eles me responderam que Perseu era originário da cidade deles. Pois Dânao e Linceu[152] eram quemitas, que viajaram de barco para a Hélade; e eles estabeleceram a genealogia a partir deles, chegando a Perseu. Ele chegou ao Egito, de acordo com o motivo que os helenos também relatam, trazendo

---

151. Filha de Acrísio, rei de Argos, e de Eurídice, filha de Lacedêmon e de Esparto. Havia a profecia de que o filho de Dânae seria o assassino de seu pai, Acrísio, o que fez com que o rei a isolasse, mas Zeus se apaixonou por ela e a engravidou. Quando Acrísio soube do ocorrido, logo que o menino nasceu, ele foi trancado junto com a mãe em um cofre para que perecessem. No entanto, Zeus os protegeu e os enviou para a ilha de Serifos, onde Dânae e seu filho, Perseu, foram acolhidos por Díctis, irmão do tirano Polidectes, que se apaixonou pela jovem. Para afastar o filho da mãe, Polidectes enviou Perseu para buscar a cabeça de Medusa, com a qual ele mesmo foi transformado em pedra, quando do retorno do herói Perseu. Consultar Apolodoro, *Biblioteca*, II. 4.2.

152. Segundo Apolodoro, *Biblioteca*, II. 1.5, Linceu é filho de Egito, sobrinho de Dânao, que se casou com Hipermnestra, uma das Danaides, o único dos filhos de Egito que sobreviveu ao massacre tramado por Dânao, pois Hipermnestra havia se apaixonado, de fato, por ele, e não teve coragem de matá-lo com o punhal que seu pai lhe dera para esse fim. No relato de Heródoto, temos a impressão de que eles partiram juntos do Egito, mas, no de Apolodoro, eles partiram em momentos diferentes.

da Líbia a cabeça da Gòrgone[153], dizem que ele veio até eles e que reconheceu todos os seus parentes; ao partir para o Egito, ele já conhecia o nome de Quêmis, porque fora informado disso por sua mãe; e as competições gímnicas eram celebradas porque ele mesmo lhes havia ordenado.

92. Os egípcios que observam todos esses costumes são os que habitam os territórios acima das várzeas úmidas do Egito. De fato, os que povoam as várzeas úmidas do Egito utilizam os mesmos costumes que os demais egípcios, tanto quanto aos outros hábitos quanto a cada um deles coabitar e ter uma única mulher, como os helenos; mas, para o baixo preço dos alimentos, outras coisas foram descobertas, como as que se seguem. Quando o rio se torna cheio e a planície inundada pelo mar, muitos lírios nascem em suas águas, os quais os egípcios chamam lótus. Depois de ter feito a colheita desses lótus, eles os colocam no sol para secar e, em seguida, o que há no meio do lótus, como é feito de modo semelhante com a semente da papoula, após macerá-lo, eles fazem disso pães assados no fogo. Essa raiz do lótus ainda é comestível, e tem o sabor razoavelmente doce, é arredondada e com o tamanho igual ao de uma maçã. Existem ainda outros tipos de lírios, semelhante às rosas, que também nascem no rio, de onde o fruto nasce em outro cálice a partir de sua raiz. Sua aparência é mais semelhante ao favo das vespas; nela, nascem muitos frutos, tais sementes são do tamanho de um caroço de azeitona e são comidas tanto cruas como secas. E, quando nasce o papiro, que é produzido todo ano, eles o colhem das várzeas úmidas do Egito, eles cortam as partes de cima dele e as destinam para outra atividade[154] e o vendem; e a parte de

---

153. Trata-se de Medusa, uma das três Gòrgones; as outras eram Esteno e Euríale. Notamos que o relato de Heródoto difere do de Apolodoro em *Biblioteca*, II. 4.2 ss., no qual o mitógrafo registra que Perseu leva a cabeça de Medusa para a ilha de Serifos.

154. Para a confecção das folhas do papel que recebe o nome da planta, o papiro, no qual os egípcios escreviam e desenhavam. O papiro é considerado o primeiro tipo de papel conhecido pela humanidade, técnica que foi desenvolvida pelos egípcios por volta de 2500 a.C.

baixo dele, medindo um côvado de comprimento, eles também comem ou vendem; aqueles que desejam muito se servir com o papiro de boa qualidade cozem-no em forno de argila resplandecente, e o comem desse modo. Alguns dentre eles vivem somente de peixes, depois de eles os terem pescado e retirado suas entranhas, eles os colocam no sol para secar, em seguida, depois de secos, eles se alimentam deles.

93. E os peixes que vivem em cardume não nascem nos rios, eles crescem nos lagos de água parada e o fazem da seguinte maneira: quando são tomados por um desejo forte de se fecundar e de desovar, em bando, nadam em direção ao mar; e os que são machos seguem adiante espalhando seus sêmens, e as fêmeas que os seguem os engolem e, por isso, são fecundadas. Depois de elas terem se tornado fecundadas no mar, nadam de volta para os locais que cada um deles está habituado; todavia, os mesmos machos não vão mais adiante, a liderança se torna das fêmeas. E elas seguem adiante do banco fazendo tal como os machos faziam; espalham seus ovos pouco a pouco dentre as suas ovas, enquanto os machos as seguem e os engolem. E as ovas são os próprios peixes; e os ovos que dentre eles sobrevivem e não são engolidos são os que crescem e se tornam peixes. E os que dentre eles são capturados quando estão nadando em direção ao mar, mostram-se contundidos no lado esquerdo de suas cabeças; enquanto dentre os que estão nadando de volta do mar estão contundidos no seu lado direito das cabeças. E lhes sucede isso pelo seguinte motivo: porque mantêm suas cabeças do lado esquerdo da terra quando nadam em direção ao mar, enquanto as mantêm do lado contrário dela quando estão nadando de volta, aproximando-se e batendo o máximo possível na margem, a fim de não errar, de fato, o seu caminho por causa da correnteza. E quando o Nilo começa a alargar e as cavidades da terra e as terras baixas ao lado do rio primeiro começam a encher, a água se infiltra do rio; e rapidamente estas se tornam cheias, e todas ficam imediatamente cheias de peixes pequenos. De onde é natural que eles surjam, parece-me, eu pelo menos entendo isso que se segue. No ano anterior, quando o Nilo está em descenso, os peixes saem dos ovos para o seu aluvião junto com as suas últimas águas e se libertam; depois de passado algum tempo, novamente a água volta, e, dentre aqueles que saíram dos ovos rapidamente, eles mesmos se tornam peixes. E assim são os acontecimentos em torno desses peixes.

94. E, dentre os egípcios que utilizam um óleo retirado do fruto das mamonas, aqueles que habitam em torno das várzeas do Egito, o chamam *kíki*[155], e eles fazem o seguinte: junto das ribanceiras dos rios e junto aos lagos de água parada, semeiam essas mamoneiras; enquanto elas crescem selvagens espontaneamente na Hélade, no Egito, elas são semeadas, e os seus frutos produzem muitos outros, mas têm um odor repugnante; quando esses frutos são colhidos, depois de cortados e macerados, ainda torrados e cozidos, também o líquido dele é recolhido. E esse líquido é resinoso e não é em nada menos útil do que o óleo de oliva para a lamparina, que libera um odor forte.

95. Contra os mosquitos que lhes são abundantes, existem os seguintes artifícios imaginados por eles: aqueles que habitam os territórios acima das várzeas do Egito utilizam as torres, para onde sobem para dormir; pois os mosquitos são levados pelos ventos e não são capazes de voar até o ponto mais alto. Em lugar das torres, aqueles que habitam em torno das várzeas do Egito, outros expedientes foram imaginados por eles, que são os seguintes: todo homem dentre eles adquire uma rede, com a qual apanha seu peixe durante o dia, enquanto a utiliza à noite da seguinte maneira: ele repousa no leito, e a rede de pesca é colocada em cima deste e, em seguida, ele mergulha por baixo da rede e dorme. E os mosquitos, se ele dormir envolto em um manto ou em um tecido fino, eles o picam através deles; mas, através da rede, desde o início, eles nem experimentam.

96. De fato, as embarcações que eles têm, nas quais eles transportam suas mercadorias, são feitas da madeira da acácia, e a sua forma é mais semelhante à da flor de lótus cireneu, cuja seiva é uma goma. Depois de eles terem cortado em partes as madeiras dessa acácia no tamanho de dois côvados de comprimento, e de as terem

---

155. Em grego, κίκι (*kíki*), fruto proveniente da espécie catalogada pelos biólogos como *Ricinus communis*, ou seja, a mamoneira, a mesma que produz a nossa conhecida mamona.

reunido em forma de tijolos, eles constroem suas embarcações do seguinte modo: eles prendem em volta, juntando, com cavilhas sólidas e extensas, os cortes de madeira de dois côvados; depois de terem construído a embarcação desse modo, distendem as vigas transversais que unem os dois lados da embarcação à parte alta delas; e não utilizam traves do arcabouço da embarcação; as suturas de dentro, portanto, fecham com a folha do papiro. E eles fazem apenas um leme, e este passa por meio de sua quilha[156]; e eles utilizam o mastro de madeira de acácia, e suas velas são de folhas de papiro. E essas embarcações não são capazes de navegar rio acima, se não soprar um vento esplêndido, mas de serem arrastadas a partir da terra. Conforme a correnteza, as embarcações são levadas da seguinte maneira: existe uma jangada feita de arbustos de tamarisco, trançado com vime de folhas de palmeiras, e uma pedra perfurada com o peso de mais ou menos dois talentos[157]; a embarcação é atada a eles por um cabo; na frente da embarcação solta-a para que seja levada, e a pedra é posta atrás com outro cabo; de fato, a jangada é precipitada para a correnteza, navega rapidamente e puxa a *báris*[158] (pois, de fato, este é o nome que essas embarcações têm), e a pedra de trás, que é arrastada e fica no fundo do rio, confere equilíbrio à embarcação. E as embarcações que eles têm em grande número são essas, e algumas delas transportam muitos milhares de talentos de mercadorias.

97. Quando o Nilo avança para o território, as cidades são as únicas que permanecem visíveis, mais ou menos semelhantes às ilhas do Mar Egeu; pois os territórios restantes do Egito se tornam um mar, mas somente as cidades resistem a isso. Portanto, quando tal fato acontece, as embarcações não navegam mais pelas correntes do rio, mas ao longo do centro da planície. Navegando rio acima, de Náucratis para Mênfis, a embarcação passa ao lado das próprias pirâmides;

---

156. Segundo o dicionário *Houaiss*, quilha é uma peça da estrutura da embarcação, disposta longitudinalmente na parte mais inferior e à qual se prendem todas as grandes peças verticais da ossada que estrutura o casco.

157. Medida de peso helena, cada talento equivalia a 32 quilos e 369 gramas.

158. Em grego, βᾶρις (*bâris*), nome dado a um tipo de embarcação egípcia.

entretanto, isso não é possível, mas ao lado do vértice do Delta e ao lado da cidade de Cercasoro. E do mar para Náucratis e também ao longo da planície de Canopo, a embarcação passa junto à cidade

98. de Ântila e da chamada Arcandro. De fato, dentre elas, a cidade de Ântila é a mais notável; fixada como uma honra especial, ela foi dada por todo sempre pelo rei do Egito à sua esposa; isso acontece desde quando o Egito foi dominado pelos persas. Mas a outra cidade, parece-me, tem o nome do genro de Dânao, Arcandro[159], filho do aqueu Fitio; pois, de fato, a cidade se chama Arcandro. Poderia ter havido algum outro Arcandro, todavia o seu nome não é egípcio.

99. Até esse momento, foram minha visão, meu pensamento e minha investigação que contaram todos esses acontecimentos; e, a partir de então, vou contar os relatos dos egípcios, conforme eu os ouvi deles; e haverá algum acréscimo a eles mesmos também pela minha visão. Os sacerdotes me disseram que Min foi o primeiro que reinou no Egito, e que protegeu Mênfis com diques; pois o rio todo corria para junto da montanha arenosa em frente à Líbia, e que Min, de cima, a mais ou menos cem estádios de Mênfis, até os seus territórios meridionais, cobriu com um monte de terra a curva do rio, secando completamente a sua antiga corrente, e o rio foi desviado por um canal para correr pelo meio das montanhas. E ainda hoje essa curva do Rio Nilo é mantida pelos persas, porque está separando a corrente, e é tida em intensa vigilância, fortificando a cada ano; pois, se o rio quisesse, destruiria essa parte que foi bloqueada, e haveria o perigo de inundar toda a Mênfis. Quando Min se tornou esse primeiro rei, e depois de ter fechado esse território e tê-lo transformado em terra firme, nesse mesmo lugar, ele fundou essa cidade que hoje é chamada Mênfis (pois Mênfis está localizada na parte estreita do Egito), e fora dela escavou um lago proveniente do rio, para o norte e para o oeste (pois o rio, para o lado oriental, o próprio Nilo o fortificava), e esse templo de Hefesto também foi erigido neste mesmo lugar, que tanto era grande como também era o mais digno de relato.

---

159. Filho de Aqueu, neto de Xuto, o herói é famoso por sua guerra contra Laomedonte, rei de Sicíon, cidade helena localizada na região da península do Peloponeso. Não se sabe ao certo em que época essa guerra teria ocorrido, estima-se que tenha sido no século XIV a.C.

100. Depois dele, os sacerdotes relatam, a partir de um papiro, outros trezentos e trinta nomes de reis. Entre tão numerosas gerações de homens, dezoito foram etíopes, uma única rainha autóctone, e os demais homens foram egípcios. O nome dessa mulher, a que reinou no território da Babilônia, era Nitócris. Eles me disseram que ela, para vingar o seu irmão, o qual os egípcios mataram enquanto ainda reinava sobre eles, depois de eles terem sido mortos, assim entregaram-lhe o reino, porque ela se vingou de muitos egípcios por causa disso, com um ardil para eliminá-los. Pois ela elaborou um recinto subterrâneo muito grande e, com um argumento extraordinário, mas tramava outros ardis em sua mente; e ela convidou os egípcios para esse local, porque ela sabia que os egípcios eram os principais responsáveis pela morte de seu irmão, recebendo muitos no interior do recinto, enquanto eles se banqueteavam, o rio avançou por uma enorme tubulação escondida. Eles relataram isso em torno de tantos acontecimentos, exceto que ela mesma, por causa dessa destruição, atirou-se em um recinto cheio de cinza, a fim de que não sofresse uma vingança. E dentre

101. outros reis, disseram que não existe nenhuma obra que se possa indicar, que não existia nada de brilhante, exceto do último deles, Méris; este era conhecido pelo monumento de Hefesto, pelos seus pórticos voltados para a direção do vento norte, por ter escavado um lago, o seu perímetro em quantidade de estádios eu demonstrarei mais tarde, e por ter construído as pirâmides neste mesmo território, farei menção ao tamanho delas ao mesmo tempo em que tratar desse lago. E ele é lembrado por todos esses feitos; a respeito

102. dos outros, não existe nenhum feito. Mudando de assunto, portanto, a respeito do rei que sucedeu a eles, cujo nome é Sesóstris[160], farei menção a ele. Os sacerdotes disseram que ele mesmo empreendeu uma viagem com longas embarcações do golfo da Arábia e subjugou aqueles que habitavam em torno dos territórios do Mar Eritreu, então, seguiu até o ponto em que sua navegação alcançou

---

160. Sabe-se apenas que ele foi avô de Proteu, um dos reis do Egito, contemporâneo da Guerra de Troia.

o mar, o qual não mais era possível navegar, por ser um local raso. De lá, retornou ao Egito, conforme o relato dos sacerdotes; depois de ele ter congregado um grande exército, marchou pela planície, subjugando todos os povos que havia no caminho. Quaisquer uns dentre eles que ele encontrava por acaso eram corajosos e combatiam extraordinariamente pela sua liberdade, e ele erigiu estelas para eles em seus territórios, com inscrições que diziam o seu nome, a sua pátria de origem e como pelo seu poder os havia subjugado; e quando os que eram das cidades, que sem resistência a entregavam, ele fazia inscrições nas estelas para eles de acordo com isso mesmo, com referências aos povos que haviam sido corajosos; além disso, inscrevia as representações das partes pudendas de uma mulher, porque queria demonstrar que

103. eles haviam sido covardes. Depois de fazer isso, atravessou a planície até o ponto em que atingiu a Ásia, quando atravessava para ir à Europa, subjugou os citas e os trácios. Parece-me que esses foram os territórios mais longínquos que o exército egípcio alcançou. Pois as estelas que foram erigidas são visíveis no território deles, mas nenhuma mais é vista além dessas. De lá, retornou para o lugar de onde veio; e logo que estava no território do Rio Fásis[161] – daqui em diante, não posso dizer com precisão que se trata do mesmo indivíduo –, depois de o rei Sesóstris ter dividido o seu exército, de fato, quer tenha deixado uma parte dele como colonizadores do território, quer alguns de seus soldados estivessem cansados de vagar, eles se estabeleceram no território em torno do Rio Fásis.

104. Pois parece que os colcos são egípcios. Digo isso porque eu mesmo compreendi isso primeiro ou porque ouvi isso de outros; quando tive isso no meu pensamento, perguntei a ambos os povos, e os colcos recordavam mais dos egípcios do que os egípcios dos colcos; e os egípcios disseram que consideravam que os colcos eram os homens do exército de Sesóstris. E eu mesmo comparei as seguintes

161. Rio localizado em uma cidade homônima, colonizada por habitantes da cidade de Mileto no séc. VII a.C. Apolônio de Rodes relata que o herói Jasão navegou por suas águas durante a sua aventura em busca do Velo de Ouro; ver: *Argonáutica*, II, 401.

coisas: também porque eles têm suas peles negras, cabelos crespos (e isso não leva a lugar nenhum; pois são semelhantes aos outros povos), mas há o seguinte, que é o mais importante, porque somente os colcos, os egípcios e os etíopes dentre todos os homens são os que praticam, desde a sua origem, a circuncisão das suas partes pudendas. E ainda os fenícios e os sírios, os que são da Palestina, também estes concordam que aprenderam esse costume com os egípcios, e os sírios, dos que habitam o território em torno do Rio Termodonte[162] e Partênio[163], também os macrônios, que são os vizinhos desses povos, dizem que, recentemente, aprenderam esse costume com os colcos. Pois esses são os únicos dentre os homens que praticam a circuncisão, também estes tornam evidente que praticam isso conforme as práticas dos egípcios. E, dentre os egípcios e os etíopes, não posso dizer que aprenderam essa prática um com o outro; pois, de fato, é um costume que parece ser antigo. E compreendi a partir disso que essa prática existe por causa das relações mantidas entre eles, uma grande prova disso para mim está no seguinte: nenhum dos fenícios, que tiveram contato com os helenos, imitam os egípcios quanto à circuncisão das partes pudendas, mas também, dentre os seus descendentes, eles não praticam a circuncisão das suas

105. partes pudendas. Que eu diga então outros costumes a respeito dos colcos, que são semelhantes aos dos egípcios: eles e os egípcios são os únicos que trabalham com o linho da mesma maneira. Também todo o seu modo de vida e a sua língua são semelhantes uns aos outros. E, quanto ao linho, o que é do colco é chamado pelos helenos de sardônico, todavia, o que é proveniente do Egito eles chamam de egípcio.

106. Com relação às muitas estelas, as que foram erigidas nos territórios pelo rei do Egito Sesóstris parece que não mais resistiram ao tempo; eu mesmo vi algumas existentes na Síria Palestina e suas

---

162. Rio localizado no território da Ásia Menor, atual Turquia, que deságua no Mar Negro.

163. Localizado na fronteira com a Pafaglônia, região conhecida por seus campos férteis.

inscrições que diziam as coisas mencionadas anteriormente e as representações das imagens das partes pudendas de uma mulher. Existem também, em torno do território da Iônia, duas figuras talhadas nas rochas desse homem, uma no caminho que vai de Éfeso para a Foceia[164] e outra no de Sárdis[165] para Esmirna[166]. Em cada um dos dois lados, existe um homem esculpido com cinco palmos[167] de altura, com uma lança na mão direita, enquanto tem um arco na esquerda, e o restante do seu equipamento é igualmente distribuído; pois também tem uma parte egípcia e outra etíope. E, de um ombro para o outro ombro, correm inscrições sagradas escritas com letras egípcias, as quais dizem o seguinte: "Eu conquistei este território com estes meus ombros". E tanto quem quer que seja ele como de onde veio, ali não demonstra, mas isso está registrado em outro lugar. De fato, alguns dentre os que viram essas imagens viram semelhanças entre elas e as de Mêmnon[168], embora estejam muito distantes da verdade.

107. Esse Sesóstris, quando voltava para o Egito e conduzia muitos homens dos povos dos territórios que ele havia subjugado, os sacerdotes disseram, depois de ter chegado com os seus conduzidos em Dafne[169] de Pelúsio, o seu irmão, a quem Sesóstris havia con-

---

164. Cidade localizada na Ásia menor, cujo nome Φώκαια (*Phōkaia*) deriva da palavra "foca", o símbolo da cidade. Os foceus eram conhecidos por ser grandes marinheiros, por esse motivo o nome de sua cidade era também uma homenagem ao deus do mar, Posídon, uma vez que o deus possuía um bando de focas, cuja guarda ele havia confiado a Proteu. No Capítulo 163 do *Livro I*, Heródoto afirma que os foceus foram os primeiros helenos a realizar longas viagens marítimas, descobrindo diversos mares, entre eles, o Mar Adriático.

165. Capital da Lídia, localizada no fértil vale do Rio Hermo.

166. Cidade da Ásia menor situada na região do Mar Egeu, era uma das mais importantes da Liga Iônica. Estrabão, no Livro XI, 5, de sua obra *Geografia*, conta que Esmirna também era o nome de uma Amazona que fundou várias cidades na Ásia menor, as principais foram Éfeso e Esmirna.

167. Cada palmo equivale a meio côvado, e cada côvado real dos egípcios tem 50 cm.

168. Mítico rei etíope filho de Titono e Eos.

169. Cidade localizada próxima a Pelúsio, extremo oriente do Delta do Nilo.

fiado o Egito, esse, após tê-lo convidado para ser seu hóspede, e também os seus filhos, cercou o lado de fora da sua casa com madeira, e, depois de ela toda cercada, ele ateou fogo na madeira. Quando ele percebeu isso, rapidamente Sesóstris se aconselhou com sua mulher, pois, de fato, sua mulher o acompanhava em todas as ocasiões. E ela o aconselhou que deitasse dois dos seus seis filhos sobre o fogo para formar uma ponte acima do que estava sendo queimado, e que eles atravessassem por eles para que fossem salvos. Sesóstris fez isso e, dessa maneira, dois dos seus filhos foram completamente carbonizados, mas os filhos restantes foram salvos com seu pai.

108. Depois de Sesóstris ter retornado ao Egito, ele se vingou do seu irmão e o colocou para trabalhar em companhia daqueles os quais ele havia subjugado seus territórios, e ele o utilizou para fazer o seguinte: eles carregaram as pedras que foram levadas à época do seu reinado para o templo de Hefesto, que eram enormes em tamanhos, esses foram os que as arrastaram e também foram obrigados a escavar todos os canais que ainda hoje existem no Egito; fizeram isso não voluntariamente ao Egito, antes disso, todo lugar era bom para cavalgar e andar de carros, e houve a necessidade dessas atividades; pois, desde aquele tempo do Egito, embora sendo todo o território de planície, não havia cavalos nem carros; e as razões disso eram os seus canais, porque eram muitos, estavam em toda parte e os tinham de todos os modos. Por causa disso, o rei recortou o seu território. Quantos dentre os egípcios que não habitassem nas margens do rio, mas no seu interior, de modo que, quando o rio retornava...[170], ficavam necessitados de sua água e se serviam de água potável, das que dragavam dos poços. De fato, por causa disso, o Egito é todo entrecortado.

109. E eles disseram que o rei distribuiu seu território para todos os egípcios, concedeu um lote quadrado igual para cada um deles, e depois disso instituiu os impostos públicos, determinando que

---

170. Pequena lacuna no texto.

o tributo seria pago integralmente a cada ano. E, se o rio levasse embora alguma parte do lote de alguém, esta pessoa poderia ir à presença do rei e mostrar o que lhe acontecera; e Sesóstris enviava quem observasse o acontecimento e medisse quanto de seu território havia sido diminuído, a fim de que, no restante dele, conforme o cálculo, fosse prescrito o valor do imposto a ser pago. Parece-me que, a partir de então, a geometria foi inventada e levada para a Hélade. Pois o instrumento astronômico para indicar a mudança das estações, os quadrantes solares e as doze partes de um dia os helenos aprenderam com os babilônios.

110. De fato, Sesóstris foi o único rei egípcio que governou a Etiópia. Como lembrança, ele deixou, diante do templo de Hefesto, duas estátuas de pedras com trinta côvados de altura, uma de si mesmo e outra de sua mulher, e existem outras quatro de seus filhos, cada uma com vinte côvados de altura. De fato, o sacerdote de Hefesto, passado muito tempo, não aceitou que o persa Dario[171] erigisse uma estátua diante delas, dizendo que ele não havia realizado nenhuma obra tal as de Sesóstris para o Egito; pois Sesóstris subjugou outros povos, não em menor número que ele, além destes, os citas, e que Dario não havia sido capaz de dominar os citas; portanto, não seria justo que ele erigisse algo diante daquelas estátuas, pois ele não havia ultrapassado em feitos o rei Sesóstris. Então, dizem que, diante disso, Dario foi da mesma opinião.

111. E depois de Sesóstris ter morrido, disseram que o seu filho Feros herdou o seu reino. E ele não organizou nenhuma expedição militar, porque lhe aconteceu de ter ficado cego, por causa do seguinte incidente: quando o rio descia em grande volume, naquele momento medindo de fato dezoito côvados, e ultrapassava os campos férteis, porque o rio se transformava em ondas causadas pelos ventos que sopravam, contam que esse rei, tomado por sua tola pre-

171. Filho de Histaspes, não se sabe o nome de sua mãe. Dario, soberano da Pérsia, reinou entre 550 a 485 a.C, conhecido como Dario, o Grande, por ter sido o conquistador de grande parte da Ásia, do Cáucaso e da África, incluindo o Egito, as ilhas do Mar Egeu, o norte da Hélade, a Macedônia e a Trácia.

sunção, pegou uma lança e se jogou nos redemoinhos do rio; depois disso, rapidamente, seus olhos foram acometidos por uma doença que o deixou cego. De fato, depois de ter ficado cego por dez anos, no décimo primeiro ano, veio-lhe uma resposta oracular da cidade de Buto, a qual proferiu que o seu tempo de punição estava terminando e que ele recobraria a sua visão, se lavasse os seus olhos com a urina de uma mulher, a qual tivesse sido frequentada por somente um homem[172] e que fosse inexperiente de outros homens. Feros tentou cumprir a sua missão, provando usar a urina de sua própria mulher; depois disso, como ele não recuperou a visão, ele experimentou usar a de muitas, uma após a outra. E depois de ele ter recuperado a visão, ele reuniu as mulheres dentre as quais ele havia experimentado usar a sua urina, exceto a de quem ele usou a urina para lavar os seus olhos e com a qual recobrou sua visão, e as levou para uma única cidade, a que hoje se chama Eritrebolos[173], após tê-las reunido neste mesmo lugar, ele ateou fogo em todas junto à própria cidade. E a mulher da qual utilizou a urina para lavar seus olhos e com isso recobrou sua visão, ele a tomou como sua própria esposa. Quanto às demais oferendas aos deuses, por ter escapado da doença dos olhos, as mais dignas de menção que dedicou a todos os templos, os mais dignos de menção, a mais merecedora de relato é a que está no templo de Hélio, onde dedicou as obras mais dignas de contemplação: dois obeliscos de pedra, um deles feito de um único bloco de pedra, com a altura de cem côvados e oito côvados de largura.

112. E eles contam que quem herdou o seu reino foi um homem de Mênfis, cujo nome, conforme a língua dos helenos, era Proteu[174],

---

172. Está subentendido que se trata do seu marido, portanto, que a mulher deveria ser casada e fiel ao seu esposo.

173. Em grego, Ἐρυθρὴ Βῶλος (*Erythrē̂ Bôlos*), que literalmente significa: "campo vermelho", ou "torrão de terra vermelha".

174. Homero, *Odisseia*, IV, 349ss, apresenta-o como um deus do mar, que fora designado para pacificar as focas e os outros animais marinhos regidos por Posídon. Passava seu tempo na ilha de Faro, próximo ao Rio Nilo. Na versão de Eurípides, mito próximo ao de Homero, em sua tragédia intitulada *Helena*, 4-15, Proteu é o

para quem, hoje, foi dedicado um bosque sagrado em Mênfis, muito belo e bem ornamentado, localizado na direção do vento sul do templo de Hefesto. E os fenícios provenientes de Tiro moram em torno desse bosque sagrado, e esse território inteiro é chamado de o "Campo dos Tírios". E existe, no bosque de Proteu, um templo chamado Afrodite Xênia[175]. Ocorre-me que esse templo é dedicado a Helena[176], filha de Tíndaro[177], também porque ouvi um relato a respeito da estada de Helena no palácio de Proteu; além disso, porque o nome atribuído ao templo é Afrodite Xênia; pois existem outros templos de Afrodite, mas de modo algum chamados de Xênia.

113. E os sacerdotes contaram, depois de terem sido investigados por mim, os seguintes acontecimentos a respeito de Helena: depois de Alexandre[178] ter raptado Helena da cidade de Esparta, ele navegou de volta para a sua cidade; porém, quando ele estava no Mar Egeu, violentos ventos empurraram-no para o mar egípcio e, de lá

---

soberano da ilha de Faro, casado com Psâmate, uma das filhas de Nereu. Juntos, tiveram Teoclímeno e Idótea. Mas, desde Heródoto, Proteu é o rei do Egito, contemporâneo de Menelau, e também não é uma divindade marinha, como em Homero. Proteu reinava em Mênfis quando Helena e Páris foram levados pelas correntezas para a costa do Egito, quando o rei mandou Páris de volta para sua cidade e ficou com Helena para entregá-la ao seu marido, Menelau. E assim foi feito, Proteu entregou Helena sã e salva para o rei espartano Menelau.

175. Em grego, Ξείνης Ἀφροδίτης (*Xeínēs Aphrodítēs*), que literalmente significa: Afrodite Estrangeira.

176. A mais bela helena, filha de Zeus e de Leda, seu pai humano é Tíndaro. Esposa de Menelau, por quem os helenos travaram a guerra contra Troia. Na *Ilíada*, de Homero, o poeta relata-nos que a invasão de Troia se deu por conta do rapto de Helena por Páris, quando este foi hóspede do rei Menelau de Esparta, esposo da bela mulher. Então se formou uma grande aliança entre os helenos para recuperar a mulher do rei, irmão do chefe de todos os homens, Agamêmnon.

177. Filho de Ébalo e de Batia, é um herói lacedemônio. Desposou Leda, com quem gerou os Dióscoros, Helena, Clitemnestra, Timandra e Filônoe.

178. Outro nome pelo qual é conhecido Páris, filho do rei troiano Príamo e da rainha Hécuba. Conhecido por ter sido o causador da Guerra de Troia, na qual foram mobilizados todos os helenos e os troianos. Tal guerra é narrada por Homero em *Ilíada*; a obra recebeu esse nome porque a cidade de Troia também era conhecida como Ílion.

(pois os ventos não baixavam), ele chegou ao Egito, até um lugar do Egito que hoje é chamado Canópica, uma embocadura do Nilo, e seguiu para Tariqueia. Existia naquela orla, o que hoje ainda existe, um templo de Héracles, até onde aquele que fosse um servo de qualquer um dos homens, que estivesse fugindo para um refúgio e que colocasse sobre si as marcas sagradas de que ele mesmo se entregou ao deus, não era permitido que ele fosse tocado; esse costume é cumprido, do mesmo modo, desde o princípio até o meu tempo. De fato, quando fui informado sobre esse costume que havia no templo, alguns dos servidores de Alexandre o deixaram para trás e se colocaram no templo como suplicantes, acusando Alexandre, desejando prejudicá-lo, relatando toda a história que havia em torno de Helena e a injustiça que ele cometeu contra Menelau[179]; e essa acusação foi feita diante dos sacerdotes e do guardião daquela

114. embocadura do Nilo, cujo nome era Tônis. Depois de ter ouvido isso, Tônis enviou, o mais rápido possível, um mensageiro para Mênfis, à presença de Proteu, para dizer o seguinte: "Chegou aqui um estrangeiro da raça teucra[180], que realizou uma ação ímpia na Hélade; pois ele enganou o seu próprio anfitrião quanto à sua mulher, trazendo essa mesma mulher, e chegou com ela e muitas e abundantes riquezas, porque foi arrastado pelos ventos em direção à tua terra. Pois bem, devemos permitir que ele zarpe, ou devemos interceptar as riquezas que vieram com ele?". Proteu enviou a sua resposta, dizendo o seguinte: "Esse homem, seja ele quem for, realizou uma ação contra o seu próprio anfitrião. Aprisione-o

115. e conduza-o à minha presença, a fim de que eu saiba o que ele vai me dizer sobre isso.". Depois de ter ouvido isso, Tômis aprisionou Alexandre e deteve suas naus; depois disso, ele o conduziu para

---

179. Filho de Atreu, rei de Micenas e de Aérope, filha de Catreu, rei de Creta. Menelau era rei de Esparta, irmão de Agamêmnon e marido de Helena.

180. Teucro é outro nome dado por Homero a um troiano. Tal nome deriva do herói troiano Teucro, conhecido por sua extrema habilidade com o arco e a flecha, o que se tornou uma característica dos troianos, igualmente conhecidos como exímios arqueiros.

Mênfis, também Helena, as suas riquezas e, além disso, os suplicantes. Quando todos já tinham sido trazidos, Proteu perguntou a Alexandre quem ele era e de onde ele havia navegado. E ele lhe respondeu qual era a sua linhagem e disse o nome do seu pai, além disso, de onde ele conduziu suas naus para a viagem. Depois disso, Proteu perguntou-lhe de onde ele havia tomado Helena; depois de Alexandre tê-lo enganado com sua resposta e não ter lhe dito a verdade, os que haviam se tornado suplicantes responderam e o contradisseram, relatando toda a história da injustiça cometida por ele. Por fim, Proteu proferiu-lhes o seu parecer, dizendo o seguinte: "Eu mesmo, se não fosse o meu maior interesse preocupar-me em não matar nenhum dos estrangeiros, quantos forem arrastados pelos ventos, que chegaram no meu território, eu mesmo te mataria em favor do heleno, tu, o pior dos homens, pois realizaste a mais ímpia das ações contra aquele que por acaso era o teu anfitrião[181]. Foste te insinuar para a mulher do teu próprio anfitrião; e, mais do que isso, não te contentaste, mas tu a incitaste a ir embora, tendo-a raptado. E não te contentaste com nada disso, mas também chegaste aqui com as outras propriedades roubadas do teu anfitrião. Portanto, agora, visto que penso que o meu maior interesse é não matar um estrangeiro, não te permitirei levar embora contigo essa mulher e suas riquezas, mas eu mesmo as guardarei para o estrangeiro heleno, até o momento em que ele mesmo queira vir buscá-las; e, quanto a ti e os teus companheiros de navegação, proclamo que, dentro de três dias, levanteis âncora da minha terra e ides para outro lugar; se não fizerdes isso, eu vos tratarei como inimigos.".

116. E os sacerdotes relataram que assim Helena chegou até Proteu. Parece-me que também Homero conhecia esse relato; mas, porque

---

181. Havia entre os helenos as chamadas regras de hospedagem, que compreendiam o máximo de respeito ao homem que os recebesse em sua morada. E Alexandre, ou Páris, quebrou tais regras, o que era considerado uma ofensa, não somente ao humano, mas também a Zeus Xênio, o deus que regia as normas de hospedagem. Tal costume já aparece em Homero, quando Odisseu chega à ilha dos Feácios e é recebido pelo rei Alcínoo. Consultar *Odisseia*, Cantos VI e VII.

este não era conveniente para a sua epopeia, ele utilizou o outro relato, até o ponto em que lhe era permitido, mostrando que também conhecia essa história[182]. E isso é evidente, conforme ele compôs na *Ilíada*[183] (e em nenhum outro verso ele se retrata) sobre o desvio de Alexandre, que, quando ele retornava com Helena, foi desviado para outro território e chegou a Sídon[184], na Fenícia. E é feita uma menção disso na *Aristeia*[185] de Diomedes[186]; e os seus versos dizem o seguinte:

> *De onde vinham os véus de ricos bordados, trabalhos das mulheres*
> *sidônias, as que o próprio Alexandre, semelhantes aos deuses,*
> *trouxe de Sídon, navegando pelo vasto mar,*
> *por seu percurso trazendo Helena de pai ilustre*[187].

E ainda faz menção a isso na *Odisseia*, nos versos seguintes:

> *Tal remédio sábio teve a filha de Zeus,*
> *eficaz, que lhe deu Polidama, esposa de Ton,*
> *uma egípcia, campos que lhe produzem inúmeros*
> *remédios, muitas misturas eficazes e outras muitas nocivas*[188].

---

182. Esta é a primeira crítica literária de que se tem notícia no mundo ocidental.

183. Homero, *Ilíada*, VII, 289.

184. A cidade de Sídon era um dos mais importantes entrepostos comerciais da Fenícia.

185. Em grego, Ἀριστηίη (*Aristēíēi*), que literalmente significa: "altos feitos", "proezas". Trata-se do Canto V da *Ilíada*, no qual Homero narra as aventuras do herói Diomedes.

186. Filho de Tideu e de Deípile, Diomedes é um herói etólio, que participou da Guerra de Troia. Destaca-se como companheiro de Odisseu na maior parte de suas missões, entre as quais duas foram mais importantes; a primeira delas foi convencer, junto com Odisseu, o rei Agamêmnon a sacrificar sua filha Ifigênia no porto de Áulis. A segunda, novamente ao lado de Odisseu, na ida ao acampamento do herói Aquiles para abrandar a sua ira e fazê-lo retornar ao combate ao lado dos aqueus, outro nome dado aos gregos, ou helenos.

187. Homero, *Ilíada*, VI, 289-292. Pai ilustre porque Helena era filha de Zeus.

188. Homero, *Odisseia*, IV, 227-230.

E quando Menelau diz a Telêmaco[189] estas palavras:

> *No Egito, ainda ali os deuses me detinham, embora ansiasse retornar, visto que não lhes sacrifiquei os cem bois perfeitos*[190].

Em tais versos, é evidente que ele conhecia o desvio de Alexandre para o Egito; pois a Síria faz fronteira com o Egito, e os fenícios, os que são de Sídon, habitam na Síria.

117. Conforme esses versos, e por essa referência exata sobre esse território, é evidente que os versos de *Cantos Cíprios*[191] não são de Homero, mas de outro qualquer; pois nos *Cantos Cíprios* é relatado que Alexandre partiu de Esparta e chegou a Ílion no terceiro dia, trazendo Helena, servindo-se de um vento favorável e de mar calmo; e na *Ilíada* conta que ele foi desviado da sua rota quando a trazia. Então, demos adeus aos versos de Homero e aos dos *Cantos Cíprios*.

118. E quando eu perguntei aos sacerdotes se os helenos contavam uma história vã sobre os fatos ocorridos em Ílion ou não, eles me responderam as coisas que se seguem, dizendo que eles fizeram uma investigação para saber da parte do próprio Menelau. Depois do rapto de Helena, um numeroso exército de helenos veio à terra da Têucria[192] para socorrer Menelau; e eles desembarcaram na terra, ergueram seu acampamento militar e enviaram um mensageiro para Ílion, e foram, para que eles ficassem juntos com o próprio Menelau. E depois de eles terem entrado no lado de dentro da muralha, exigiram a restituição de Helena e das riquezas que Alexandre havia roubado e trazido para eles, também exigiram que lhes dessem satisfações sobre as justiças

---

189. Filho de Odisseu e de Penélope, o qual foi deixado por seu pai, recém-nascido, quando o herói partiu para a Guerra de Troia.

190. Homero, *Odisseia*, IV, 351-352.

191. Os *Cantos Cíprios* foram compostos por Estasino de Creta, Hegésias de Salamina ou Címprias de Halicarnasso. Tais cantos integram as obras poéticas conhecidas como os poemas épicos, ou do ciclo épico, datados entre os séculos VII e VI a.C.

192. Região fundada pelo herói Teucro, na qual estava situada a cidade de Troia.

cometidas por ele. E nesse momento os teucros lhes contaram a mesma história e, em seguida, tanto com juramentos como sem eles, que não detinham Helena nem as riquezas reclamadas, mas que todas essas coisas estavam no Egito, e que eles mesmos não poderiam sofrer punições justamente pelas coisas que Proteu, o rei dos egípcios, detinha. E os helenos então, porque pensaram que eles os estavam ridicularizando, de fato, assim sitiaram a cidade, até o momento em que a capturaram. E depois de eles terem conquistado a muralha da cidade, como Helena não havia aparecido, mas foram informados sobre a mesma história de antes, assim, de fato, os helenos acreditaram na história anterior e enviaram o próprio Menelau

119. à presença de Proteu. Depois de Menelau ter chegado ao Egito, navegou rio acima em direção a Mênfis, e ele contou a realidade dos acontecimentos; e foi recebido com grandes honras hospitaleiras e recebeu Helena incólume de males; além disso, recebeu todas as suas riquezas. Todavia, apesar do ocorrido, Menelau tornou-se um homem injusto para os egípcios. Quando estava começando a navegar de volta, ele foi detido pela impossibilidade de navegação. Visto que isso estava durando muito tempo, ele imaginou um plano que não era lícito; pois pegou duas crianças dos homens nascidos no local e as fez de vítimas sacrificiais. Depois disso, como esse feito se tornou notório, porque ele foi odiado e perseguido, partiu em fuga com suas naus para a Líbia. Desde então, para onde ainda ele se dirigiu, os egípcios não puderam dizer. E disseram que conheciam uma parte dos acontecimentos por meio de suas investigações, enquanto a outra parte, entre eles mesmos, diziam que a conheciam exatamente.

120. E os sacerdotes egípcios me disseram isso. Eu reconheço isso pelo seu relato a respeito de Helena e eu mesmo acrescento, por pensar da seguinte maneira: se Helena não estivesse em Ílion, ela teria sido entregue aos helenos, quer pela vontade, quer contra a vontade de Alexandre. Pois nem Príamo[193], nem os outros troianos

---

193. Filho de Laomedonte, não se sabe ao certo quem é a sua mãe; rei de Troia, pai de Páris e do herói Heitor, o seu primogênito. Príamo casou-se primeiro com Arisbe, depois com Hécuba, com quem teve os seus filhos.

seriam tão sem razão, que não seria conveniente para si mesmos, de modo que desejassem colocar em risco as suas próprias vidas, seus filhos e sua cidade, para que Alexandre coabitasse com Helena. E, se tivesse percebido isso nos primeiros momentos, depois de muitos dentre os demais troianos terem morrido enquanto combatiam com os helenos, porque o próprio Príamo não tinha mais dois, ou três, ou ainda mais, dos seus filhos que haviam sido mortos durante a batalha (se é preciso dizer o que foi utilizado nos versos dos poetas épicos), diante de tais acontecimentos, eu suponho que, se o próprio Príamo estivesse coabitando com Helena, ele a teria entregado aos aqueus, certamente, porque estaria preocupado com sua situação presente e teria se livrado dos males. Nem seu reino iria para Alexandre, de forma que são esses os fatos, ainda que Príamo estivesse velho, que o colocaria nele, mas seria Heitor, mais velho e mais corajoso do que aquele, quem herdaria o reino depois da morte de Príamo, e não lhe conviria estar comprometido com seu irmão, o qual havia cometido uma injustiça, e isso dentre os grandes males que aconteceriam, por causa dele, a si mesmo e a todos os outros troianos. Mas não porque eles não tinham Helena para lhes entregar, nem os helenos acreditaram nas palavras verdadeiras que eles diziam, como eu mesmo revelo o meu pensamento, por uma divindade ter planejado para que, pela destruição total, fossem arruinados claramente esses homens que fizessem isso, como para aqueles que cometem grandes injustiças existem também grandes vinganças dos deuses. E isso me parece que é desse modo, e está dito.

121. E eles me disseram que Rampsínito herdou o reino de Proteu, que deixou como lembrança sua o pórtico erigido na direção oeste do templo de Hefesto, e colocou duas estátuas diante desse pórtico, de vinte e cinco côvados de altura; dentre os egípcios, a que foi colocada na direção norte é chamada Téros[194], e a outra, que está na direção sul, é chamada Queimona[195]; e a que eles chamam Téros,

---

194. Em grego, Θέρος (*Théros*) significa "verão".

195. Em grego, Χειμῶνα (*Kheimõna*) significa "inverno".

esta é reverenciada e bem tratada, enquanto eles fazem o contrário com a outra, chamada Queimona. E a riqueza que esse rei tinha estava na sua grande quantidade de prata, nenhum dos reis que o sucederam pôde ultrapassá-lo, nem mesmo chegar perto. E porque ele desejava entesourar sua riqueza em um local seguro, construiu um recinto de pedra, tendo uma das suas paredes dando para a parte externa do seu palácio. Mas quem o construiu, quando o projetou, imaginou o seguinte: preparou uma distinta dentre as pedras para ser facilmente retirada da parede, tanto por dois homens como por um. Assim que o recinto foi concluído, o rei começou a entesourar suas riquezas nele; com o decorrer do tempo, o construtor, porque sua vida estava próxima do fim, convocou seus filhos (pois ele tinha dois), e contou-lhes o que havia feito porque se preocupou com eles, a fim de que tivessem uma vida farta, que ele havia tramado quando construiu o recinto para o tesouro do rei; e descreveu-lhes claramente a respeito da retirada da pedra, para mostrar-lhes as medidas dela, dizendo que, se observassem isso, seriam os intendentes das riquezas do rei. E, quando lhe veio o fim da vida, os seus filhos não esperaram por muito tempo para a obra. E eles partiram à noite para o palácio real e descobriram a pedra no recinto, que facilmente removeram com suas mãos e levaram a maioria das riquezas. Quando o rei abriu o seu recinto, ficou surpreso ao ver que os recipientes estavam vazios de suas riquezas, e não podia acusar quem quer que fosse, porque os seus selos estavam inteiros, e o recinto estava fechado. E, quando ele voltou pela segunda e pela terceira vez, sempre as suas riquezas pareciam menores (pois os ladrões não pararam de roubá-las); ele fez o seguinte: armadilhas foram postas para operar, e elas estavam em volta dos recipientes nos quais foram colocadas as suas riquezas. E, quando os ladrões voltaram, como nas vezes anteriores, e um deles entrou no recinto, visto que ele foi em direção a um recipiente, imediatamente foi apreendido pela armadilha. Quando ele compreendeu que estava em tal situação ruim, prontamente chamou seu irmão, mostrou-lhe a sua situação presente e pediu-lhe que o mais rápido possível entrasse e cortasse a sua cabeça, para que ele não fosse visto e reconhecido, o que seria a sua destruição e sua ruína. E ele pensou que seu irmão falava com sensatez e o fez, em obediência ao irmão, recolocou a pedra e foi embora para a sua casa, levando consigo a cabeça do seu irmão. Quando se tornou dia, o rei entrou no seu recinto e viu, assustado, o corpo do ladrão na armadilha, sem a sua cabeça, e o recinto não tinha nenhum selo violado, nem sinal de entrada nem de saída. Sem saber o que pensar, ele fez o seguinte: pendurou no muro o cadáver do ladrão, e colocou seus guardas no muro e lhes deu suas ordens, quem eles vissem chorando ou se lamentando, que eles o prendessem e o conduzisse à sua presença. Quando seu cadáver foi pendurado no muro, a sua mãe passou mal e conversou com seu filho sobrevivente, ordenando-lhe que concebesse um plano qualquer para libertar o corpo do seu irmão e o trouxesse para ela, e que, se ele não se ocupasse disso, ameaçou-o fortemente, dizendo que ela mesma iria à presença do rei para informá-lo de que as suas riquezas estavam com seu filho. E porque sua mãe dificilmente deixava de lado o seu filho sobrevivente e não a convencia durante as muitas vezes em que conversava com ela, ele imaginou o ardil que se segue. Depois de ter preparado alguns asnos e de ter colocado odres cheios de vinho sobre os lombos dos asnos, em seguida, ele os conduziu. Quando ele estava perto dos que faziam a vigilância do cadáver pendurado, ele empurrou os odres e soltou as amarras dos gargalos de dois ou três deles; porque o vinho escorria, ele batia na sua própria cabeça, gritando alto para que não tivessem noção de para qual dos asnos se voltarem primeiro. E como os guardas viram muito vinho escorrendo, correram juntos para o caminho com recipientes e os encheram com o vinho que trouxeram juntos, pensando que estavam no lucro. E ele os cobriu de injúrias por todas as coisas e fingiu estar em estado de cólera; enquanto os guardas lhe proferiam palavras de conforto; com o tempo, fingiu que estava calmo e que havia baixado sua cólera; por fim, ele conduziu os seus asnos para fora do caminho e os preparou. E porque eles conversavam sobre muitos assuntos e um gracejou com ele para levá-lo a rir, e lhe entregou um dos seus odres; depois de eles terem se sentado, pensaram em beber o vinho que tinham, e o trouxeram para perto deles e lhe pediram para que ficasse e bebesse junto com eles. E ele foi convencido por eles e ainda permaneceu com eles; como eles se alegravam amigavelmente com ele junto à bebida, ele lhes concedeu também outro odre; tomados pela abundância da bebida, os guardas ficaram bêbados e foram dominados pelo sono ali mesmo, no lugar em que bebiam, e foram se deitar. E ele, quando a noite estava bem avançada, soltou o corpo de seu irmão e raspou as bochechas do lado direito de todos os guardas em sinal de ultraje, e colocou o cadáver do seu irmão sobre os lombos dos asnos e os conduziu para sua casa, cumprindo as ordens dadas por sua mãe. E o rei passou mal, quando foi informado de que o cadáver que havia sido pendurado tinha sido libertado pelo ladrão, e desejou intensamente descobrir quem era aquele que havia arquitetado aquele ardil, e agiu da seguinte maneira, que, por mim, não acho que são fatos confiáveis. E enviou a sua filha para um prostíbulo, ordenando-lhe receber todos os homens por igual, mas, antes de ter relações sexuais com eles, ela tinha de obrigá-los a contar, de fato, qual teria sido a sua ação mais inteligente e a mais ímpia realizada na sua vida; e se alguém lhe contasse os acontecimentos a respeito do ladrão, esse deveria ser capturado e não poderia sair do prostíbulo. E assim a sua filha fez o que o seu pai havia lhe ordenado, mas o ladrão, percebendo por quais motivos isso estava sendo feito, desejou ultrapassar o rei em sua trapaça e fez o seguinte: depois de ter cortado no ombro de um cadáver recém-morto, foi com o seu braço tendo-o com ele embaixo do seu manto; e quando entrou no lugar onde estava a filha do rei e foi perguntado sobre os mesmos assuntos que os demais, ele lhe respondeu que a sua ação mais ímpia tinha sido realizada no momento em que ele cortou a cabeça do seu irmão quando ele estava no recinto do tesouro do rei e preso em uma armadilha, e o mais inteligente havia sido realizado quando ele embriagou os guardas e libertou o cadáver pendurado do seu irmão. E ela, porque ouviu isso, prendeu-o, mas o ladrão na escuridão deitou o braço do cadáver com ela; e ela o tinha preso, considerando que aquele era o braço dele que ela tinha na mão; mas o ladrão o deixou com ela e saiu pela porta em fuga. Quando esse acontecimento foi levado ao conhecimento do rei, ele ficou surpreso com a engenhosidade e a coragem do homem, e, por fim, enviou para toda a cidade o anúncio de uma anistia que seria dada e uma grande recompensa que receberia, se ele viesse para ser visto pelo rei.

E, depois que o ladrão tomou conhecimento disso, ele foi à presença do rei, e Rampsínito ficou muito admirado e lhe deu a sua filha em casamento, porque ele era o mais sábio dentre os homens; pois os egípcios são notáveis dentre os demais homens, mas aquele havia sido mais notável do que os egípcios.

122. Depois disso, eles contam que o rei desceu em vida ao ínfero[196], que os helenos consideram que é o Hades[197], e que lá jogou gamão com Deméter, e que ora ele a vencia e que ora ele era derrotado por ela, e que o rei novamente voltou para a terra com um presente dado por ela, um guardanapo de ouro. Pela descida de Rampsínito, quando ele retornou, de fato, os sacerdotes contam que os egípcios realizaram uma festa, eu pelo menos sei que também em meu tempo eles a realizam; todavia, não posso dizer se eles festejam por isso. E os sacerdotes tecem um manto para o dia dessa festa, na qual cobrem os olhos de um único deles com uma bandana, e o vestem com o manto, e o conduzem pelo caminho que vai ao templo de Deméter, e eles mesmos ficam para trás. E contam que o sacerdote que teve os seus olhos vendados, então, é guiado por dois lobos para o templo de Deméter, que fica a vinte estádios de distância da cidade, e que outra vez ele retorna do templo

123. conduzido pelos lobos para o mesmo lugar de origem. Então, que faça uso dessas histórias contadas pelos egípcios aquele que está acreditando em tais relatos; quanto a mim, escrevo o que me foi dito por cada um deles como foi ouvido e apresentado cada relato. E os egípcios contam que Deméter e Dioniso[198] governam os ínferos. E os egípcios foram ainda os primeiros que tiveram este discurso, os que disseram que a alma do homem é imortal, e que, quando o corpo é destruído, ela entra em outro ser vivo sempre que ele está sendo gerado; e que percorreu todos os seres vivos,

---

196. O território situado abaixo da terra, o qual os helenos associavam ao lugar em que os homens iam depois de sua morte, e o nomeavam Hades.

197. A morada dos mortos.

198. Os egípcios faziam essa mesma associação aos seus deuses Ísis e Osíris, os quais eram considerados os regentes do reino dos mortos.

os que são terrenos, marítimos e alados, ela novamente entra no corpo de um ser humano quando ele está sendo gerado; e que a sua evolução aconteceria em um período de três mil anos. E os helenos adotaram esse mesmo discurso, uns antes e outros depois, como sendo deles próprios; eu mesmo, embora os conheça, não escrevo os seus nomes[199].

124. Então, até a época do rei Rampisínito, eles diziam que havia no Egito total observância das suas boas leis, e que o Egito estava florescendo grandiosamente, mas, depois dele, Quéops[200] reinou sobre os egípcios e os conduziu para a total miséria. Pois, em primeiro lugar, após fechar todos os templos, ele os proibiu de realizar sacrifícios; depois disso, ordenou que todos os egípcios trabalhassem para ele. Designou para uns que, das pedreiras situadas nas montanhas da Arábia, eles arrastassem as pedras desse local até o Nilo; e as pedras eram atravessadas pelo rio com embarcações, enquanto ele ordenou a outros egípcios que as recebessem e as arrastassem para um lugar chamado montanha da Líbia. E eles trabalhavam em grupos de cem mil homens, sempre a cada três meses. E o tempo decorrido, oprimindo o povo, foi de dez anos para a estrada pela qual eles arrastavam as pedras; o trabalho para a construção dessa estrada não foi muito menor do que o da pirâmide[201], como me parece (pois a

---

199. Heródoto refere-se aos filósofos Ferécides de Siro, um pré-socrático, século VI a.C., conhecido por ter escrito uma obra que versa sobre a teoria da metempsicose (transmigração da alma), intitulada *As cinco cavernas*; o outro é Pitágoras de Samos, século V a.C., que também escreveu sobre a transmutação das almas. Mais tarde, ambos influenciarão o pensamento filosófico de Platão, século IV a.C.

200. Um dos mais famosos faraós do Egito Antigo, o segundo da quarta dinastia, conhecido por ter construído as três grandes pirâmides egípcias, que hoje são consideradas patrimônio da humanidade. A maior das pirâmides recebe o seu nome e é conhecida também como a Grande Pirâmide, onde os estudiosos acreditam que Quéops tenha sido enterrado. Estima-se que Quéops tenha reinado entre 2551 e 2528 a.C.; além de ter sido conhecido como o faraó das três maiores pirâmides de Gizé, também ficou conhecido como um dos faraós mais cruéis da história dos egípcios.

201. Trata-se da Pirâmide de Quéops, ou da Grande Pirâmide, construída entre 2551 e 2528 a.C., período em que reinou o faraó Quéops. Os egiptólogos avaliam que o monumento onde o faraó foi enterrado tinha a largura original de 146,60 metros,

extensão dela era de cinco estádios, a largura de dez braças, no topo dela, a sua parte mais alta tem oito braças), feita de pedra polida e com figuras entalhadas. De fato, os dez anos decorridos para essa estrada e dos recintos por baixo da terra na colina, onde estão situadas as pirâmides, ele as construiu para que fossem o seu próprio túmulo em uma ilha, a que ele escavou a partir de um canal do Nilo para trazê-la à tona. Para construir essa mesma pirâmide, levaram o tempo de vinte anos; há fachadas por todos os lados dela, cada uma tem oito pletros[202], formando um quadrado, e sua altura é a mesma, é de pedra polida e muitíssimo bem encaixada; nenhuma das pedras são menores do que trinta pés.

125. Essa pirâmide foi construída da seguinte maneira: ao modo de degraus, alguns os chamaram de *Króssas*, outros de *Bomidas*[203]; esse foi o modo primeiro, em seguida, eles a construíram, eles ergueram as pedras restantes com máquinas engenhosas feitas de madeiras pesadas, e ergueram do chão para a primeira coluna dos degraus; como algumas, a pedra era colocada sobre ele, em outra máquina o colocavam e erguiam para a primeira coluna, a partir desse lugar, e era arrastado para cima da segunda coluna por outra máquina. Pois, de fato, quantas colunas houvesse dentre os degraus, tantas também eram as máquinas, e, se houvesse uma mesma máquina, única e fácil de ser carregada, ela era transferida para cada uma das colunas todas as vezes que a pedra era retirada; que seja relatado por nós ambos os modos, conforme realmente se conta. Então, a parte mais alta da pirâmide foi concluída primeiro; depois disso, as partes que a sustentavam foram terminadas, por último, as partes próximas do chão e as mais baixas foram concluídas. E eles inscreveram em letras egípcias na pirâmide quanto em rábano silvestre, cebola, alho foi consumido por aqueles que trabalharam na sua construção; e como eu bem me lembro, o intérprete, depois de ter lido para mim

---

mas, por conta da perda do revestimento que havia em seu topo, hoje ela conta 137,16 metros.

202. Um pletro equivale a 30,95 metros.

203. Κρόσσας (*Króssas*) ou βωμίδας (*Bōmídas*) são andaimes em forma de escada postos ao longo da sua construção.

as palavras, disse-me que foram gastos um mil e seiscentos talentos de prata. Se é verdade que isso tenha sido assim, quanto é plausível que tenha sido consumido com outras coisas, para que trabalhassem com o ferro, também com alimentos e ferramentas para os que trabalharam na obra; quanto ao tempo de duração para a construção dessas obras, isso já foi dito, mas o outro, como eu mesmo penso, para o corte, o transporte das pedras, e quanto trabalharam para a escavação embaixo da terra, não foi um tempo mais curto?

126. E Quéops foi até este ponto da miséria por necessitar de dinheiro; ele estabeleceu que sua própria filha se deitasse em um recinto para se prostituir, para completar a quantia de dinheiro de que de fato precisava; mas não me disseram quanto. E ela cumpriu as ordens estabelecidas por seu pai, mas ela ainda pensou em deixar um monumento para si mesma, e pedia a cada um daqueles que entrava no recinto para ter relações sexuais com ela que a presenteasse com uma única pedra, que seria usada em suas obras; eles disseram que, com essas pedras, foi construída uma pirâmide no meio das três que haviam sido erguidas, e que ficava diante da grande pirâmide, e cada um dos seus lados mede por inteiro também um mil e quinhentos pletros.

127. Os egípcios dizem que Quéops reinou durante cinquenta anos, e que, quando ele morreu, o seu reino foi herdado pelo seu irmão Quéfren. E ele usava, habitualmente, o mesmo modo de governar do outro e construiu outros monumentos e ainda outra pirâmide, que não atingia as medidas daquela (pois essa então também nós a medimos)...[204]; pois ela não tem recintos embaixo da terra nem vem de um canal do Nilo para ela, como para a outra, a qual corre pela sua construção um canal de água que, do lado de fora, é cercada como uma ilha, na qual dizem que jaz Quéops. Em primeiro lugar, foi construída embaixo como fundação uma casa de pedra multicor da Etiópia, e ela ergueu com um tamanho que estava quarenta pés abaixo da outra, que era a grande; e colocou na colina a sua própria entre ambas, com mais ou menos cem pés de altura. E eles dizem que Quéfren reinou durante cinquenta e seis

---

204. Pequena lacuna do manuscrito.

128. anos. Eles calculam que durante esses cento e seis anos, houve muita miséria entre os egípcios, e os templos desse tempo todo, depois de eles terem sido fechados, não se abriram. Os egípcios não os querem chamar pelos nomes pelo profundo ódio que sentem, mas ainda chamam as pirâmides pelo nome do pastor Filítios, porque ele, durante essa época, levava seus rebanhos para serem alimentados nesse mesmo lugar.

129. Depois disso, eles dizem que Micerino, filho de Quéops, tornou-se o rei do Egito. Como ele estava insatisfeito com as ações de seu pai, os templos foram abertos e o povo, que estava exaurido pela extrema miséria, devotou-se aos ofícios e aos sacrifícios; e foi ele quem julgou as sentenças do modo mais justo dentre todos os reis. De acordo com esse feito, dentre todos os reis que já tinham reinado entre os egípcios, Micerino foi o mais aclamado; pois ele julgava bem os outros assuntos, além disso, aquele que reclamasse da sua sentença, ofertava dele mesmo outras coisas que satisfizessem o seu coração. Porque ele era benevolente com seus cidadãos e exerceu suas atividades assim, o primeiro dos males que deu início a uma sequência foi quando a sua filha morreu, a única criança entre os seus familiares. Como ele estava sofrendo profundamente com o infortúnio que lhe sobreveio e queria enterrar sua filha do modo mais extraordinário que os outros, construiu uma vaca oca de madeira e, em seguida, revestiu-a com ouro e colocou o corpo dentro dela, para o funeral da

130. sua filha morta. Essa vaca, então, não foi enterrada no solo, mas ainda no meu tempo ela é visível, está na cidade de Sais, está em um recinto artisticamente trabalhado entre os que existem no palácio; incensos de todas as espécies são queimados em torno dela por todo o dia e, a cada noite, acende-se uma lamparina de óleo de oliva. Próximo dessa vaca, em outro recinto, estão colocadas imagens das concubinas de Micerino, como dizem os sacerdotes da cidade de Sais; pois estão colocadas enormes madeiras, que perfazem o número de mais ou menos vinte desse modo, mulheres nuas foram representadas nelas; todavia, quem são elas, não posso dizer,

131. além do que já foi dito. Alguns indivíduos contam a respeito dessa vaca e das estátuas de madeira colossais que Micerino ficou enamorado pela sua própria filha e, em seguida, teve relações sexuais com ela contra a sua vontade; depois disso, dizem que a sua filha se pendurou por uma corda, e que ele a enterrou nessa vaca, enquanto a sua mãe cortou as mãos de suas servas por terem traído sua filha, entregando-a ao seu pai, e agora suas imagens foram tratadas conforme o que elas haviam sofrido em suas vidas. E eles contam isso porque dizem coisas frívolas, como eu penso, e, além disso, as outras coisas sobre as mãos das estátuas de madeiras colossais; pois estas, então, também nós vemos que as mãos foram derrubadas pela ação do tempo, e que elas são visíveis nos pés delas e que ainda existem até

132. a minha época. Quanto ao resto, a vaca estava coberta por um manto púrpura, o seu pescoço e sua cabeça estavam à mostra, revestidos por cobertura muito espessa de ouro; entre os chifres, havia uma peça de ouro que imitava o círculo do sol. A vaca não estava de pé, mas posta de joelhos, e o seu tamanho é qual ao tamanho de uma vaca viva. E ela é carregada para fora do recinto uma vez por ano, quando os egípcios batem em si mesmos por um deus que não tem seu nome citado[205] por mim quando estou neste assunto; neste momento, então, eles carregam a vaca para a luz do sol; de fato, diz-se, porque ela havia implorado ao seu pai Micerino, enquanto morria, para ver a luz do sol uma única vez ao ano.

133. Depois da morte de sua filha, aconteceu o segundo sofrimento para esse rei; um oráculo veio da cidade de Buto dizendo que ele estava fadado a morrer no sétimo ano, que tinha somente seis anos de vida. Por considerar que isso era algo terrível, ele enviou ao oráculo do deus uma resposta de reprovação, queixando-se, por sua vez, de que o seu pai e o seu tio viveram por muito tempo, que, mesmo tendo fechado os templos e não se lembrando dos deuses, e ainda terem arruinado os homens, enquanto ele era piedoso, e ainda assim tinha o destino de tão rapidamente morrer. Mas, pela segunda

---

205. É provável que se trate do deus Osíris.

vez, veio uma profecia do oráculo para ele dizendo que, por causa dessas ações, a sua própria vida haveria de transcorrer rapidamente; pois ele não havia feito o que deveria ter sido feito; porque o Egito deveria estar na miséria por cento e cinquenta anos, e os dois reis que o antecederam compreenderam isso, mas ele não. Depois de Micerino ter ouvido isso, como já lhe havia sido dada a sentença de condenação por essas razões, confeccionou muitas lamparinas, para toda vez que se tornasse noite, depois de acesas, ele fosse beber e se divertir, seguindo livre sem noite nem dia, vagando pelas regiões alagadas do Egito e por seus bosques e, até onde fui informado, ia para as atividades que lhe eram mais convenientes em lugares de recreação juvenis. Ele imaginou esse plano, porque queria demonstrar que o oráculo estava mentindo, a fim de que ele vivesse doze anos em vez de seis anos, tornando as noites em dias.

134. E ele ainda deixou uma pirâmide, que era muito menor do que a do seu pai, faltando pouco para vinte pés, cada um dos seus lados formavam um quadrado com três pletros de extensão, e era feita até a sua metade de pedra da Etiópia. De fato, alguns helenos dizem que ela é da cortesã Rodópis, mas não contam isso corretamente. Então, para mim, é evidente que eles não sabem quem ela é, e não dizem nada de consistente a respeito de Rodópis (pois não diria que a pirâmide erguida foi construída dessa maneira, digo que, conforme o cálculo, eles avaliam que gastaram milhares de talentos), além disso, porque Rodópis conheceu o seu auge na época em que Amásis reinava, mas não no reinado de Micerino. Pois foram muitos e muitos anos depois desses reis que as pirâmides foram deixadas. Rodópis era nascida na Trácia[206] e escrava de Iádmon, filho de Hefestópolis, um homem sâmio, escravo companheiro de Esopo[207], o compositor de fábulas. De fato, Esopo era propriedade de Iádmon, como comprovado neste acontecimento nada insignifi-

---

206. Região situada na parte sudoeste da Hélade, a Trácia integrava o Império Persa desde 512 a.C., quando o general Mardônio a conquistou para o rei Dario I.

207. O maior fabulista da Hélade, nascido talvez em Samos, pois não se sabe ao certo o local de seu nascimento. Esopo viveu entre os séculos VII e VI a.C., e foi assassinado em Delfos, conforme veremos adiante, no relato herodotiano.

cante: depois de os delfos, muitas vezes, terem anunciado, por meio de arautos, as palavras que vieram do oráculo, para quem quisesse receber uma recompensa para tirar a vida de Esopo, nenhum outro apareceu além de Iádmon, o neto do outro Iádmon, que o matou.

135. Assim também Esopo era propriedade de Iádmon. E Rodópis chegou ao Egito trazida por Xantes de Samos; depois de ela chegar, conforme o seu ofício, ela foi libertada por uma grande quantia em dinheiro dada por um homem de Mitilene, Caraxes, filho de Escamandrônimo, e irmão de Safo[208], a compositora de versos. Assim, então, Rodópis foi libertada e permaneceu no Egito e, por ser muito cheia de charme, adquiriu grandes riquezas, que eram em quantidade suficiente para Rodópis, mas não para construir uma pirâmide dessa natureza. Pois, para qualquer um que queira, é possível saber ainda até quanto era a décima parte das suas riquezas, mas nenhuma grande riqueza deve ser atribuída a ela. Porque Rodópis desejou deixar um monumento de si mesma na Hélade, realizando uma obra que nenhum outro tivesse inventado e ofertado em nenhum templo, e que ela fosse dedicar seu próprio monumento no templo de Delfos. Então, com a décima parte das suas riquezas, ela fez muitos espetos de ferro que trespassam um boi, quanto fosse possível com a sua décima parte, e depois os enviou para Delfos; os quais ainda hoje estão empilhados atrás do altar que foi erigido pelos quios, em frente ao próprio santuário. As cortesãs costumavam ser um tanto cheias de charme em Náucratis. E esta é a história que se contava a respeito dela, e ela se tornou de fato tão famosa, que também todos os helenos conheciam o nome de Rodópis e, mais tarde, depois desse relato a respeito dela, outra, cujo nome era Arquidice, também se tornou celebrada em versos pela Hélade, embora tenha

208. Poeta lírica, século VII a.C., nascida na ilha de Lesbos, capital de Mitilene. Contudo, tanto a cidade de Mitilene como a de Ereso reivindicavam ser sua terra natal. A primeira é mais reconhecida entre os autores antigos, tal como vemos nesta narrativa de Heródoto, em que a poeta tem sua origem em Mitilene. Recentemente, no ano de 2014, foi descoberto um papiro no qual há o registro de que Safo escreveu um poema no qual cita o nome de seu irmão Caraxes; tal papiro se encontra na Universidade de Oxford e reforça a existência de seu irmão, já registrada aqui por Heródoto.

sido menos assunto de todas as conversas que a primeira. E Caraxes, depois de ter libertado Rodópis, retornou para Mitilene, e nos poemas mélicos de Safo, muitas vezes, foi abatido com injúrias. Então, eu me detenho a respeito dos fatos sobre Rodópis.

136. Os sacerdotes contam que, depois de Micerino ter se tornado rei do Egito, ele construiu um pórtico voltado para o lado do sol[209], no templo de Hefesto, muito mais belo e muitíssimo maior que os demais. Pois todos os pórticos têm figuras esculpidas e outros milhares de imagens em suas construções, e aquele ainda tem em quantidade muito maior. À época em que ele reinava, dizem os sacerdotes, porque havia uma grande carência de trocas comerciais[210], não era habitual haver dinheiro entre os egípcios, desse modo, foi proclamado que a garantia para se tomar um empréstimo seria o cadáver do seu pai; e era ainda prescrito por essa lei o seguinte: que quem concedia o empréstimo também se tornaria o senhor de todo o túmulo de quem havia tomado o empréstimo; para quem estabelecesse essa garantia para perder o seu direito de cidadania, se não quisesse pagar o empréstimo, e não lhe seria possível ser enterrado junto com ele no túmulo do chefe da família, nem em um túmulo que pertencesse à família daquele, nem em nenhum outro lugar, nem enterrar nenhum outro familiar que viesse a morrer depois. Como esse rei desejava ultrapassar os reis que existiram antes de ele se tornar o rei do Egito, ele deixou como sua memória uma pirâmide feita de tijolos; em uma pedra estava gravada uma inscrição que dizia o seguinte: "Não me deprecie comparando-me com as pirâmides de pedra; pois eu as ultrapasso tanto quanto Zeus aos demais deuses. Depois de ter dado golpes com um remo no lago, ter trazido a argila com esse remo, e de tê-la reunido para que fossem moldados os tijolos, então eu fui construída desse modo.". E ele se mostrou por todas essas coisas.

---

209. Isto é, voltado para o lado leste do templo de Hefesto.

210. Dado que revela a extrema desordem dessa época, visto que os egípcios eram conhecidos como grandes comerciantes, principalmente os que habitavam as regiões próximas ao Rio Nilo, pois o usavam como um grande canal de navegação para diversos lugares.

137. Depois dele, um homem cego reinou na cidade de Anísis[211], cujo nome era Anísis. À época do seu reinado, Sábaco, o rei dos etíopes, capturou-o no Egito, com uma tropa numerosa de etíopes. De fato, depois de esse cego ter partido em fuga para as várzeas úmidas egípcias, o etíope reinou sobre o Egito por cinquenta anos, nos quais o rei Sábaco se destacou pelos feitos que se seguem. Quando algum egípcio cometia qualquer tipo de erro, ele não queria que nenhum deles fosse morto, mas julgava cada um deles, conforme o tamanho da injustiça cometida, impondo-lhe que cobrisse de terra, como aterros, a sua própria cidade, de onde cada um deles havia cometido suas injustiças. E, assim, as cidades tornaram-se mais altas ainda; porque, em primeiro lugar, haviam sido aterradas por aqueles que escavaram os canais que as atravessavam, à época do reinado de Sesóstris; em seguida, no reinado do etíope, em que elas se tornaram muito mais altas. Quando as outras cidades que existiam no Egito se tornaram mais altas, como me parece, a cidade de Bubástis foi a que se tornou a mais alta; nela existe um templo de Bubástis[212], o mais digno de ser explicado; pois outros templos foram bem maiores e causaram muito mais despesas, mas o prazer de vê-los não é maior do que este. Conforme a língua da Hélade, Bubástis é Ártemis.

138. O templo dela é deste modo: exceto a sua entrada, o restante dele é uma ilha; pois ele provém dos canais que se estendem até o mar e que não se misturam uns com os outros, mas até a entrada do templo se estendem um canal de cada de lado; cercado de um lado e do outro, cada um dos seus lados tinha a largura de cem pés e era sombreado por árvores. Os pórticos tinham dez braças de altura, decorados com figuras de seis côvados de altura, dignas de menção. O templo está situado no centro da cidade e circundava ao redor dela; pois, como a altura da cidade foi aumentada pelo

211. Cidade situada na região do Baixo Egito Antigo, localizada próximo à Etiópia, e famosa por seu comércio, em especial por suas trocas comerciais com os etíopes.

212. Templo construído para o culto da deusa gato Bastet, também conhecida como Bubástis.

aterro, mas o templo era visível porque não havia sido deslocado, para que ficasse como era desde o início. Esse mesmo lugar é cercado por um muro decorado com figuras; e do lado de dentro existia um bosque de grandes árvores cultivado em torno do grande templo, no qual estava situada uma imagem da deusa; e a largura e a extensão do templo tinham de todos os lados a medida de um estádio. De fato, por uma saída aplainada, havia uma estrada de pedra com mais ou menos três estádios de comprimento, que seguia pela ágora e levava para o lado leste, e sua largura media algo em torno de quatro pletros; de um lado e do outro da estrada, havia nascido uma árvore tão alta quanto o céu; que levava até o templo de Hermes. De fato, este templo de Bubástis é assim.

139. Por fim, os sacerdotes diziam que a libertação do etíope ocorreu do modo que se segue: uma visão que teve em seu sono o fez partir em fuga. Ele acreditou que um homem em pé próximo a ele o aconselhava a reunir os sacerdotes existentes no Egito e a cortar todos ao meio. Depois de ter tido essa visão, ele disse que isso lhe parecia mostrar uma manifestação dos deuses, a fim de que ele cometesse um ato impiedoso para com os sacerdotes e que recebesse algum mal dos deuses ou dos homens; portanto, que não faria isso, mas porque foi anunciado pelo oráculo que o período para que ele governasse o Egito estava se aproximando do fim e que ele partisse. Pois, na época em que ele estava na Etiópia, as palavras oraculares anunciavam que os etíopes se serviriam deles quando ele os capturasse, e que ele deveria reinar no Egito durante cinquenta anos. Então, como esse tempo havia se completado, perturbado por essa visão que ele teve durante o seu sono, Sábaco, voluntariamente, abandonou o Egito.

140. E então, como o etíope havia se retirado do Egito, outra vez o cego o governou, depois de ter regressado das várzeas úmidas do Egito, onde habitou durante cinquenta anos em uma ilha construída com cinza e terra; pois foi dessa maneira que ele ordenou aos egípcios que fossem visitá-lo e que levassem alimentos, alinhados cada um por vez, às escondidas do etíope, e que eles o presenteassem trazendo-lhe um punhado de cinza. Ninguém pôde descobrir essa ilha antes de Amirteu[213], mas, durante mais de setecentos anos, os que se tornaram reis antes de Amirteu não foram capazes de encontrá-la; o nome dessa ilha é Elbo, e a extensão de cada um dos seus lados media dez estádios.

141. Depois desse rei etíope, houve um sacerdote de Hefesto, cujo nome era Séton. Este não levava em conta os guerreiros egípcios, porque os desdenhava, como se não necessitasse de nenhum deles; de fato, cometeu outras desonras contra eles, retirando-lhes os seus campos férteis; às épocas dos reis anteriores, eram concedidos a cada um deles doze campos férteis como honras especiais. Depois disso, o grande exército do Sanacáribos, o rei dos árabes e dos assírios, marchou contra o Egito; então, os guerreiros egípcios não queriam ir socorrê-lo. Tomado por essa dificuldade, o sacerdote foi para o santuário do templo para lamentar profundamente diante da estátua do deus pelas vicissitudes que corria o risco de sofrer. Mas, enquanto ele lamentava, sobreveio-lhe um sono e ele acreditou na visão de que o deus estava ao seu lado e o encorajava, porque nenhuma desgraça sofreria se ele marchasse contra o exército árabe; pois ele mesmo lhe enviaria seus defensores. Por tais impressões, de fato, ficou confiante nessas palavras inspiradas pelo deus, convidou os egípcios e persuadiu alguns dos que havia reunido a realizar uma expedição militar em Pelúsio (pois, nesse lugar, estavam as entradas do Egito); mas nenhum dos homens guerreiros estava em sua companhia, então foi acompanhado por homens que eram pequenos comerciantes, artífices e mercadores. Quando os invasores chegaram lá...[214] ratos dos campos se espalharam sobre eles para comer sua aljavas, seus arcos e flechas e as correias para empunhar seus escudos; a ponto de, no dia seguinte, eles fugirem despojados de suas armas, e muitos tombaram. Ainda hoje, esse rei está de pé no templo de Hefesto, na forma de uma estátua de pedra, com um rato

---

213. Rei egípcio que se revoltou contra os persas juntamente a Inaro por volta de 460 a.C. e 455 a.C. Amirteu também é o nome do único faraó da XXVIII dinastia, século V a.C., que reconquistou a região do Delta do Rio Nilo, libertando os egípcios do domínio persa, por volta de 404 a.C., e reinou até 399 a.C.

214. Pequena lacuna do texto.

na sua mão, que diz, por meio de inscrições, as seguintes palavras: "Seja temente ao deus olhando para mim.".

142. Até este ponto do meu relato, foram os egípcios e os seus sacerdotes que contaram, mostrando que, desde o primeiro rei até esse sacerdote de Hefesto, o último que reinou, foram geradas trezentas e quarenta gerações de homens, e que nelas existem chefes dos sacerdotes e cada um dos reis que nasceram. Todavia, trezentas gerações de homens preenchem mil anos; porque as três gerações de homens são cem anos; e dessas gerações restantes são ainda mil trezentos e quarenta anos, as quais completam trezentas gerações, que são onze mil e trezentos e quarenta anos. Desse modo, os sacerdotes dizem que, durante esses onze mil e trezentos e quarenta anos, não existiu nenhum deus que tivesse a forma de um homem. E ainda disseram que não existiu nada dessa natureza que aconteceu, nem antes nem depois, entre os restantes daqueles que se tornaram reis do Egito. Nesse tempo transcorrido, eles disseram que, por quatro vezes, o sol havia nascido fora do lugar habitual; e que onde hoje se põe, por duas vezes, ele nasceu nesse lugar; mas que nenhum desses acontecimentos no Egito fez qualquer diferença para ele, nem nos produtos vindos da terra, nem nas cheias do rio que ele sofre, nem nas causas das doenças nem nos motivos das mortes.

143. Anteriormente, quando Hecateu[215], o logógrafo, esteve em Tebas, e estabeleceu a sua própria genealogia remontando a sua ascendência a um deus até a décima geração, os sacerdotes de Zeus fizeram o mesmo para ele e para mim, porque não havia estabelecido a minha própria genealogia. Depois de terem me levado para o interior do santuário do templo, que era grande, enumeravam e mostravam estátuas colossais de madeira em número equivalente ao dos sacerdotes que me disseram isso; pois cada um dos chefes dos sacerdotes coloca neste mesmo lugar uma estátua sua à época

---

215. Natural de Mileto, 546-480 a.C., influenciado pelo seu conterrâneo, o filósofo pré-socrático Tales; dedicou-se a fazer viagens pelo mundo antigo a fim de amealhar conhecimentos. Pela natureza variada da temática desenvolvida em seus escritos, Hecateu de Mileto é conhecido como historiador, geógrafo e logógrafo.

em que ainda está vivo; então, enquanto os sacerdotes estão enumerando-as e mostrando-as para mim, eles apontavam de quem cada um deles era filho, e mostrando-me desde a estátua do mais antigo morto, passando por todos, até que eles me mostraram todas as que eram suas. E, quando Hecateu estabeleceu sua própria genealogia e a remeteu até o décimo sexto antepassado a um deus, os sacerdotes não aceitaram a de ele ser um homem de origem divina e estabeleceram uma genealogia contrária aos seus números. E eles estabeleceram uma genealogia contrária do seguinte modo: eles chamam cada uma das estátuas colossais de *Píromin*[216] nascido de um *Pirómios*, e estes não se remetem nem a um deus nem a um herói. *Píromis* é, conforme

144. a língua grega, "nobre e honesto"[217]. Então, já dentre as estátuas que existiam, mostraram que todas aquelas pessoas existiam e que tinham tais naturezas[218] e estavam muito distantes de ser deuses. Mas, antes desses homens, os deuses governavam no Egito e eles habitavam junto aos homens, também sempre um deles era o mais poderoso. E que o último deus que reinou no Egito foi Hórus, o filho de Osíris, o qual os helenos nomearam Apolo; ele pôs fim ao reinado de Tífon e foi o último deus que reinou sobre o Egito. E Osíris é Dioniso, conforme a língua da Hélade.

145. Portanto, entre os helenos, eles consideram que os mais jovens dos deuses são Héracles, Dioniso e Pan, mas, junto aos egípcios, Pan é o mais antigo e está dentre os chamados oito deuses, enquanto Héracles está dentre os chamados doze deuses, e Dioniso está dentre os da terceira geração, que se originaram dos doze deuses. De fato, os próprios egípcios dizem quantos anos foram desde

---

216. O termo utilizado por Heródoto em heleno é πίρωμιν (*pírōmin*), que significa: "nobre e honesto", o que, em egípcio, é equivalente à expressão helena καλὸς καὶ ἀγαθός (*kalòs kaì agathós*).

217. Em grego: καλὸς κἀγαθός (*kalòs kagathós*). Note a crase em comparação com a nota anterior.

218. Heródoto refere-se à natureza de ser um πίρωμιν (*pírōmin*), que significa: "nobre e honesto".

o rei Amásis até a época de Héracles, isso já foi demonstrado por mim antes; diz-se que Pan é ainda mais antigo e que Dioniso existe há menos tempo do que eles, e os egípcios calculam que, entre ele e o rei Amásis, são quinze mil anos. E os egípcios dizem que conhecem isso com precisão e que sempre calculam e sempre registram os anos. Então, entre Dioniso, chamado filho de Sêmele[219], filha de Cadmo[220], até a minha época, são mais ou menos mil e seiscentos anos, e entre Héracles, filho de Alcmena, são cerca de novecentos anos, e entre Pan, filho de Penélope[221] (porque Pan nasceu dela e de Hermes, como é dito pelos helenos) que são anos posteriores

146. aos da Guerra[222] de Troia[223], mais ou menos oitocentos anos até a minha época. Então, dentre as duas versões apresentadas, alguém

---

219. Filha de Cadmo, o rei de Tebas, e de Harmonia. Sêmele foi amada por Zeus e dele gerou Dioniso. Mas Hera, ao perceber que Zeus estava enamorado por Sêmele, aconselhou a jovem a pedir que o deus aparecesse para ela em todo o seu esplendor, o que resultou na sua morte instantânea, pois foi carbonizada pelo brilho de Zeus. Depois de Dioniso ter sido divinizado, ele desceu ao Hades, retirou de lá a sua mãe ressuscitada e levou-a para o Olimpo, onde recebeu o nome de Tíone.

220. Filho de Agenor e de Telefaassa. Cadmo fundou a Cadmeia e depois desposou a deusa Harmonia. O casamento de ambos foi celebrado com suntuosas festividades, que contaram com a presença de todos os deuses e as musas, que cantaram em seu casamento. Harmonia recebeu inúmeros presentes dos deuses, entre os mais destacados, estão um vestido tecido pelas Cárites e um colar de ouro feito por Hefesto.

221. Trata-se de Penélope, a dita fiel esposa do herói Odisseu, que, segundo algumas narrativas do ciclo do herói, não teria permanecido casta para o seu esposo, mas que teve muitos amantes, entre eles, o deus Hermes.

222. Segundo o mito corrente, a Guerra de Troia foi deflagrada após o rapto de Helena. O filho do rei Príamo, Alexandre Páris, foi recebido em Esparta pelo rei Menelau; chegando lá, enamorou-se de Helena, a esposa do rei. Páris havia sido contemplado por Afrodite com amor, o qual ele sentiu por Helena; então, com a ajuda da deusa, tramou o rapto da mais bela mulher dos helenos, levando-a para sua cidade natal. Enfurecido, Menelau convenceu o seu irmão Agamêmnon a reunir o exército dos aqueus, outro nome dado aos helenos, a invadir Troia e trazer sua esposa de volta.

223. Lendária cidade sobre a qual reinava Príamo, casado com Hécuba, mãe de Páris e Heitor, seus filhos mais ilustres. Também foi o local onde ocorreu a Guerra de Troia, narrada em versos hexâmetros dactílicos pelo poeta Homero em *Ilíada*.

se utilizará das informações citadas que mais lhe persuadir; mas a minha opinião a respeito dos acontecimentos já foi demonstrada por mim...[224]. Pois, se esses deuses tivessem se mostrado aos homens e envelhecido na Hélade, conforme ocorreu com Héracles, o filho de Anfitrião; além disso, se tivesse ocorrido o mesmo com Dioniso, filho de Sêmele, e Pan, filho de Penélope, alguém diria que também estes nasceram como quaisquer outros homens, e que eles tinham nomes de deuses dos tempos antigos. E, hoje, os helenos dizem que Dioniso, logo que foi engendrado, Zeus o costurou em sua coxa e o levou para Nisa, que estava sob a dominação egípcia, na Etiópia, e que Pan, os helenos não podem dizer ao certo para onde ele se dirigiu depois de nascer. Então, para mim, é evidente que os helenos conheceram mais tarde os nomes desses deuses do que os nomes dos demais deuses; mas souberam, a partir dessa época, desde quando eles estabeleceram a sua genealogia até o seu nascimento.

147. Portanto, esses egípcios contam isso; mas quanto ao que dizem os outros homens e os egípcios, e que estão concordes uns com os outros em relação ao que aconteceu nesse território, sobre isso já falarei; mas acrescentarei nesses acontecimentos o que também é a minha visão. Os egípcios tornaram-se livres depois do reinado do sacerdote de Hefesto (pois, durante tempo algum, eles foram capazes de levar suas vidas sem que houvesse um rei) e instituíram doze reinados, dividindo o Egito todo em doze partes. Esses reis estabeleceram vínculos políticos e de parentesco por casamentos, e reinaram utilizando os seguintes costumes: não derrubar os reinados uns dos outros, nem procurar ter mais uns que os outros e, principalmente, ser amigos. Eles estabeleceram esses costumes, que cumpriam com veemência, pelos seguintes motivos: foi-lhes anunciado um oráculo segundo o qual, logo no início dos seus governos, quando os reis tivessem sido instituídos, quem deles realizasse uma libação com uma taça de bronze no templo de Hefesto, este reinaria sobre todo o Egito; pois, de fato, eles se reuniam em todos os templos.

---

224. Pequena lacuna do texto.

148. E ainda eles decidiram deixar sua memória com um monumento comum; decidiram que eles construiriam um labirinto, um pouco abaixo do Lago Méris, que está localizado mais ou menos em um lugar chamado a Cidade dos Crocodilos[225]. Eu mesmo já o vi e é maior do que um relato é capaz de fazer. Pois, se alguém reunisse as muralhas dos helenos e as obras expostas, isso se mostraria menor do que esse trabalho e a despesa feita com esse labirinto; todavia, os templos que existem em Éfeso e Samos[226] também são dignos de menção. As pirâmides são maiores que uma descrição, e cada uma delas têm um valor semelhante ao de muitas e grandiosas obras dos próprios helenos; mas, de fato, o labirinto ultrapassa as pirâmides. Pois são doze pátios cobertos, com portas opostas umas às outras, seis delas estão voltadas para o norte; enquanto as outras seis para o sul, e elas são contíguas; do lado de fora há uma muralha que as circunda. Há, nele, recintos duplicados, uns subterrâneos e outros sobre a terra em cima daqueles, perfazendo o número de três mil, e cada um deles com um mil e quinhentos. Portanto, dentre esses recintos, nós mesmos vimos os que foram construídos sobre a terra e relatamos porque os contemplamos, ao passo que os que foram construídos no subterrâneo são descritos pelo que fomos informados; pois os guardiões egípcios de modo algum quiseram mostrá-los para nós, afirmando que existiam túmulos naquele lugar e que esse labirinto foi construído desde o início para ser a morada dos reis[227] e

---

225. Arqueólogos modernos descobriram as ruínas desse labirinto, construído do modo como Heródoto o descreve; o lugar é chamado de palácio de Caronte (uma divindade do mundo dos mortos, cuja função era levar as almas pelo Rio Aqueronte até o Hades; tal tarefa era feita em troca de um óbulo, moeda posta na boca do morto no momento do seu enterramento). Esse labirinto era utilizado como templo comum para os doze deuses, local para as principais resoluções dos reis e também local em que os regentes eram enterrados.

226. Ilha helena situada no Mar Egeu. Heródoto refere-se ao suntuoso templo construído em homenagem à deusa Hera, que recebeu o nome de Heraion. A beleza e a grandiosidade desse templo levaram a Unesco a tombá-lo como Patrimônio Mundial da Humanidade em 1992.

227. Heródoto tem por hábito atribuir nomenclaturas helênicas a cargos e funções, hábitos e costumes dos povos estrangeiros, como é o caso, aqui, do

dos crocodilos sagrados. Assim, com relação aos recintos de baixo, relatamos o que soubemos por ter ouvido, enquanto os que estão do lado de cima, obras que superam a capacidade humana, nós mesmos os vimos. Pois as saídas das moradas e as sinuosidades do labirinto pelos pátios são as mais decoradas com arte, algo maravilhoso e incontável, apresentam-se quando atravessamos do pátio em direção aos recintos e dos recintos em direção aos pórticos, e destes pórticos em direção às sinuosidades do labirinto e dos outros pátios em direção aos recintos. Havia um telhado sobre todas essas construções, em pedra, conforme as paredes, mas as paredes estão repletas de figuras esculpidas, e cada um dos pátios está rodeado de colunas em pedra branca[228] perfeitamente encaixadas. E, pelo ângulo que termina o labirinto, há uma pirâmide que tem quarenta braças de altura, na qual estão esculpidas grandiosas figuras; e o caminho para ela é feito por baixo da terra.

149. E esse labirinto é dessa natureza, e ainda mais maravilhoso se apresenta o chamado Lago Méris, junto ao qual esse labirinto está construído. E a circunferência do seu contorno perfaz três mil e seiscentos estádios, sendo sessenta cordéis, semelhantes em extensão à orla marítima do próprio Egito; e a largura do lago estende-se em direção ao norte e ao sul, a sua profundidade na sua parte mais funda é de cinquenta braças[229]. É evidente que ele é uma escavação

---

uso do vernáculo rei, pois sabemos que o Egito era governado por faraós, não por reis.

228. As construções egípcias são geralmente feitas com pedra calcária, rochas formadas a partir da sedimentação de areia e compostos misturados com água levados pelo vento e comprimidos pela sobreposição desses elementos, uma vez que elas se formam em regiões deprimidas, conhecidas como bacias de sedimentação. A coloração branca vem da sua base calcária, da qual retiramos a cal.

229. Próximo ao Lago Méris havia o Lago Miris, situado na cidade de Alexandria, portanto, chamamos a atenção para que não sejam confundidos. Os egiptólogos, com o auxílio de arquitetos, concluem que Heródoto superdimensionou o lago. Na verdade, calcula-se que o Lago Méris tenha um terço das medidas dadas por nosso historiador. Além disso, nessa região, não existem mais as duas pirâmides descritas por ele. No entanto, os canais que o conectam com o Rio Nilo são de fato numerosos, muito bem construídos, e estão preservados.

obra do trabalho humano. Pois, mais ou menos no meio do lago, existem duas pirâmides, cada uma delas está posicionada cinquenta braças acima da água, e a outra parte de cada uma delas foi construída embaixo da água com a mesma proporção; e sobre cada uma delas foi colocada uma imagem colossal em pedra, que está sentada em seu trono. Assim, as pirâmides perfazem cem braças de altura, e as braças exatas são cem estádios e seis pletros, a medida da braça é por volta de seis pés ou de quatro côvados, os seus pés têm quatro palmos, enquanto a do côvado é de seis palmos. E a água que há neste lago não é proveniente desse mesmo lugar (pois, de fato, esse lugar no qual está o lago extraordinariamente não produz água), ela é trazida por um canal proveniente do Nilo, e ela corre dele até o lago por um período de seis meses, depois retorna do lago para o Nilo por seis meses. E, quando a água escorre dele, o reino nesse período de seis meses recolhe a cada dia um talento de prata[230] pelos peixes pescados; e, quando ela escorre em direção a esse lago, vinte minas[231].

150. E os habitantes locais contam que esse lago deságua em Sirtes[232], na região da Líbia, por baixo da terra, e que está voltado para o lado oeste, em direção ao centro da terra, junto à montanha situada acima de Mênfis. Em seguida, porque não vi o acúmulo de terra dessa escavação em nenhuma parte, pois isso era um objeto de preocupação minha, perguntei aos que habitavam mais próximo do lago onde estava o monte da terra que havia sido escavado daquele lugar. E eles me disseram para onde havia sido transportada a terra, e me persuadiram sem dificuldade; pois já tinha sido informado por um discurso que também em Nínive[233], a cidade dos assírios, algo dessa natureza havia acontecido. Pois as grandio-

---

230. Os especialistas avaliam que a quantia era excessiva, quase impossível de ser paga, levando-se em conta a quantidade de peixe produzida.

231. Medida de peso helena, cada mina tinha o valor de 324 gramas.

232. Região costeira da Líbia conhecida como Golfo de Sirtes, ou Golfo de Sidra, localizado entre o Mar da Líbia e o Mar Mediterrâneo.

233. Cidade situada na Assíria, localizada na margem oriental do Rio Tigre.

sas riquezas de Sardanapalo[234], filho do rei Nino[235], que estavam guardadas entre os seus tesouros escondidos em um recinto debaixo da terra, os ladrões tiveram a ideia de retirá-las; portanto, os ladrões começaram a cavar de suas próprias casas, por debaixo da terra, calculando sua escavação até atingir o palácio do rei, e a terra escavada era retirada do túnel; quando se tornava noite, traziam essa terra para jogá-la no Rio Tigre[236], o qual corria junto a Nínive, até que eles concretizassem o que queriam. Eu ouvi a respeito de outro acontecimento dessa mesma natureza, ocorrido na escavação de um lago no Egito, exceto que não à noite, mas depois de se tornar dia; pois os egípcios cavavam e levavam o monte de terra escavado para o Nilo, que a recebia a fim de dispersá-la[237]. Portanto, conta-se que esse lago foi escavado dessa maneira.

151. Porque os doze reis serviram-se da justiça, passado algum tempo, quando eles realizaram sacrifícios no santuário de Hefesto, no último dia da festa, com a intenção de realizar as libações, o chefe dos sacerdotes trouxe-lhes as taças de ouro com as quais estavam habituados a fazer as libações, mas se enganou com o número, porque eram doze e havia onze[238]. Nesse momento, como não tinha uma

---

234. Rei dos assírios, 668-631 a.C., Sardanapalo foi o último grande rei da Assíria em sua época áurea; depois de seu reinado, sua terra começou a entrar em decadência, quando foi dominada pelos babilônios.

235. Esta é a única referência que Heródoto faz ao rei Nino, provavelmente a história do rei dos assírios deve ter sido detalhada na obra que ele dedica a esse povo. O próprio Heródoto afirma que escreveu uma obra intitulada *Histórias assírias* no *Livro I,* Capítulo 184. No entanto, tal narrativa nos é desconhecida pelo fato de essas *Histórias assírias* não terem sido preservadas, portanto, por não terem chegado ao nosso tempo.

236. Rio que corria na região conhecida como Mesopotâmia, cujo significado literal é "entre rios", a saber, entre o Rio Tigre e o Eufrates.

237. Heródoto grafa em grego a seguinte frase: ὁ δὲ ὑπολαμβάνων ἔμελλε διαχέειν (*ho dè hypolambánōn émelle diakhéein*), que significa, literalmente: "ele a recebia com a intenção de dispersá-la". Tal expressão revela o caráter divino do Rio Nilo, tratado aqui como um ser, ou seja, como o agente da ação.

238. Diodoro Sículo, em sua *Biblioteca histórica,* I, 2.9, relata que o sacerdote trouxe 12 taças, e não 11, como afirma Heródoto. No entanto, é preciso considerar que o

taça, o último deles que estava em pé, Psamético, retirou seu capacete, que era de cobre, e o utilizou para fazer sua libação[239]. E ainda todos os outros reis portavam capacetes e, nesse momento, todos estavam com eles. Portanto, Psamético não tinha em mente nenhum ardil quando retirou seu capacete[240]. Mas os que prestavam atenção ao que era feito por Psamético e também ao oráculo que havia sido proferido para eles sobre quem dentre eles utilizasse uma taça de bronze, esse seria o único rei do Egito, depois de terem se lembrado desse oráculo, não consideraram justo matar Psamético, porque eles o interrogaram e descobriram que ele não havia feito nada premeditado, e eles julgaram que seria melhor enviá-lo para as várzeas úmidas do Egito e reduzir a maior parte do seu poder, e então ele foi transferido para a região dos pântanos, a fim de que não

---

relato de Diodoro Sículo (90-30 a.C.) é muito posterior ao de Heródoto, que possivelmente ele pode ter feito uma correção no texto, por querer retirar o conteúdo maravilhoso do relato herodotiano, visto que Diodoro já coloca a intenção dos onze de eliminar Psamético, sem a justificativa dada por nosso autor.

239. Plutarco relata em seu tratado *De Ísis e Osíris*, 353B, que os egípcios não utilizavam vinho em suas libações nem o bebiam, que somente a partir de Psamético é que eles começaram a beber vinho. Antes disso, o uso de vinho era regulado, os reis bebiam somente a quantidade estipulada nas escrituras, e ainda era proibido em determinados rituais. De fato, como vimos no Capítulo 78 deste *Livro II*, Heródoto descreve o "vinho" egípcio como feito de cevada, o que hoje conhecemos por cerveja, e Plutarco pensa o vinho feito a partir da uva, fruto da videira.

240. A afirmação de Heródoto de que Psamético não tramava nada quando utilizou seu capacete, episódio que não é contado por Diodoro Sículo, leva-nos a considerar que Heródoto quis mostrar que, de algum modo, Psamético foi favorecido pelo sacerdote; por outro lado, que o historiador não atentou para o fato de que eles também poderiam ter agido de comum acordo, visto que é muito provável que Psamético conhecesse o proferido pelo oráculo. Contudo, o mais importante é que a narrativa herodotiana é permeada por causas e efeitos determinados por oráculos, em última instância, pelos deuses. Em Heródoto, os acontecimentos históricos têm seus desdobramentos tanto pelas circunstâncias ditadas pela realidade como pelo divino, o que denota o seu pensamento mítico, característico e muito presente nos autores arcaicos, em particular, em Homero. Tais interpretações já não são mais aceitas no século I a.C., como percebemos no relato de Diodoro Sículo, *Biblioteca histórica*, I, 2, 9, que desconsidera por completo a versão oracular de Heródoto.

152. tivesse contato com o restante do Egito[241]. E Psamético antes havia fugido do etíope Sábaco[242], que havia matado o seu pai, Neco[243], então, quando o etíope fugiu para a Síria para se livrar da visão que teve em sonho[244], esses egípcios, do distrito de Sais, trouxeram-no de volta. E, depois de ter se tornado rei pela segunda vez, ele foi enviado pelos onze reis, por causa do episódio do capacete, para ser exilado nas várzeas úmidas do Egito. Então, compreendendo que ele havia sido ultrajado por eles, ele tinha em mente o propósito de vingar-se daqueles que o haviam banido. E Psamético enviou mensageiros para a cidade de Buto, para que consultassem para ele o oráculo de Leto, onde de fato os egípcios têm o oráculo mais confiável, e o oráculo veio com a resposta de que sua vingança viria quando aparecessem homens de bronze vindos do mar. De fato, ele teve uma grande desconfiança, que se difundiu sobre os homens de bronze que chegariam como seus defensores. E, não muito tempo depois, a necessidade tomou alguns homens iônios e cários, quando navegavam para fazer saques[245], foram

---

241. Neste episódio narrado por Heródoto, é interessante notar como o oráculo recebe um tratamento de causa histórica, em detrimento das reais circunstâncias políticas e econômicas, visto que o rei Psamético dominava a região mais rica e próspera economicamente do Egito. Tal episódio pode ser interpretado como um levante dos demais reis para derrubar o grande poder de Psamético, provavelmente por serem ofuscados por sua opulência. A província de Psamético era marítima e conhecida por seu forte intercâmbio comercial, marcada pela presença de estrangeiros. Não por acaso, os iônios e os cários aportaram nessa região para efetuar saques; também não sem razão, Psamético conseguiu persuadir iônios e cários a lutar por seu reino, visto que, além da terra que lhes foi concedida, devem ter recebido uma grande quantia em prata.

242. Consultar o Capítulo 137 deste *Livro II.*

243. Não se sabe ao certo qual a atribuição política de Neco. No entanto, pelo episódio da expulsão de seu filho, pode ter sido rei de alguma província do Egito. Alguns egiptólogos aventam a probabilidade de se tratar, provavelmente, de Neco I, faraó do Egito, estima-se que por volta do século VII a.C.

244. Episódio narrado no Capítulo 139 deste livro.

245. Ao contrário de nossa concepção atual, a pirataria era uma prática muito antiga, muito comum na Hélade e nas costas da Ásia Menor, conforme Tucídides: a "pirataria [...] era natural" e somente com o rei Minos ela foi combatida no

impelidos a ir para o Egito, depois de terem desembarcado na terra, porque eles estavam armados com bronze; um dos egípcios foi para as várzeas úmidas do Egito e, ao chegar lá, anunciou a Psamético que não tinha visto antes homens armados com bronze, e que estes homens de bronze tinham chegado pelo mar e estavam saqueando a planície. E ele compreendeu que o oráculo estava se cumprindo e fez amizade com os iônios e os cários, prometendo-lhes coisas grandiosas e persuadindo-os a ficar em companhia dele[246]; como ele os persuadiu, junto com esses egípcios que queriam as mesmas coisas que ele e com os seus aliados, ele destronou os reis[247].

153. E Psamético dominou todo o Egito e construiu pórticos no templo de Hefesto, em Mênfis, voltados para o lado sul e ainda um pátio aberto em honra a Ápis[248], no qual, quando Ápis aparecia,

---

Mar Egeu. Assim, o historiador ateniense a contextualiza: "Minos foi, dentre os homens que conhecemos pela tradição, o que mais cedo adquiriu uma frota e dominou a maior extensão do mar que hoje se chama Helênico; exerceu a hegemonia sobre as ilhas Cícladas e foi quem primeiro instalou a maioria das colônias, depois de expulsar os cários e de entregar a chefia para os seus filhos. E quanto à pirataria, como era natural, ele procurava na medida de suas forças eliminá-la do mar para aumentar seus lucros" (*História da Guerra do Peloponeso*, I, IV). Tradução de Anna Lia Amaral de Almeida Prado. In: Tucídides, *História da Guerra do Peloponeso. Livro I.* Tradução e apresentação de Anna Lia Amaral de Almeida Prado. Texto grego estabelecido por Jacqueline de Romilly. 1. ed. São Paulo: Martins Fontes, 2008.

246. De acordo com o relato de Diodoro Sículo, em *Biblioteca histórica*, I, 2, 9, Psamético conquistou Mênfis e adquiriu o poder total sobre o Egito com a ajuda de mercenários. Esta é a sua interpretação para o que Heródoto trata como uma aproximação do rei para fazer amizade e trazê-los para o seu lado pela persuasão. É verdade que, ao afirmar que Psamético "prometeu-lhes coisas grandiosas" (μεγάλα ὑπισχνεόμενος, *megála hýpiskhneómenos*), Heródoto abre espaço para a visão de que eles foram comprados pelo rei, portanto, que agiram como mercenários. Mais uma vez, o relato de Diodoro Sículo é mais realista, menos poético e sofista do que o apresentado por Heródoto.

247. Os egiptólogos afirmam que essa batalha ocorreu nas imediações da cidade egípcia de Mênfis, e que uma parte desses reis morreu e a outra se refugiou nos territórios da África do Norte.

248. Divindade egípcia que era a personificação da Terra, como Geia para os helenos. Havia também uma cidade consagrada a esse deus que recebeu o seu nome; Ápis está localizada na região do Baixo Egito.

ele era alimentado; e ele construiu os pórticos em frente, em um lugar todo rodeado de colunas e cheio de figuras; e, no lugar de colunas, foram colocadas figuras colossais de doze côvados de altura no pátio aberto. E

154. Ápis, conforme a língua dos helenos, é "Épafo"[249]. E Psamético concedeu territórios para os iônios e os cários que o ajudaram na reconquista, para que habitassem uns em frente dos outros, com o Nilo no meio deles, que tinham recebido os nomes de Estratopedas[250]. E, de fato, ele lhes concedeu esses territórios e lhes entregou ainda outras tantas riquezas que lhes havia prometido[251]. Além disso, ele

---

249. Trata-se do touro e deus Ápis, cultuado na cidade de Mênfis, pois a cidade de Heliópolis, igualmente situada no Egito, tinha um touro chamado Mneris, que também era um deus. Segundo os estudiosos do Oriente, esse touro de Heliópolis havia inspirado os judeus na confecção de seu bezerro na região do deserto. Para mais detalhes, consultar o Capítulo 38 deste livro.

250. Os dicionários indicam traduzir Στρατόπεδα (*Stratópeda*) como "Campos"; mantivemos a proximidade com o original grego, por entendermos que o uso desse vernáculo traduz a intenção de Psamético com relação aos iônios e aos cários. O termo utilizado em heleno é Στρατόπεδα (*Stratópeda*). Note-se que está no neutro plural. Este nome é de origem militar, derivado de στρατός (*stratós*), que significa "exército", e πεδίον (*pedíon*) que significa "terreno plano", ou "planície", por isso significa "base de acampamento", o que denota a finalidade de Psamético: transformar esses povos em guardiões do território egípcio. Não por acaso, iônios e cários estão situados nas margens opostas do Rio Nilo, pois se trata de um posicionamento estratégico, a partir do qual Psamético tem os dois lados da planície egípcia guardados por homens guerreiros e armados com bronze, gratos e leais ao seu governo.

251. No entanto, apesar de Psamético ter entregado todos esses territórios e as riquezas prometidas, depois de muito tempo, a tentativa do faraó perdeu-se com a insatisfação de seu próprio povo, a quem os cários e os iônios se uniram para fazer oposição e tentar destituir do poder, embate que provocou a partida de grande parte dos iônios e dos cários do território egípcio. Sobre essa desavença, consultar o Capítulo 30 deste livro, o qual relata que o seu exército debandou e partiu para a Etiópia, destacando que os egípcios ajudaram a civilizar essa região. Em reação a esse levante do seu povo e à debandada dos antigos aliados, Psamético estabeleceu alianças com os atenienses e outros povos helenos para assegurar o seu poder. Tal narrativa demonstra que a exposição de Heródoto não é cronologicamente linear, e existem contradições dentro dela mesma, explicáveis talvez pela dimensão de sua obra e por parte de seu relato ser proveniente de informações obtidas por

lhes confiou algumas crianças egípcias para que as ensinassem a falar a língua da Hélade; e são provenientes desses que aprenderam a língua helênica os que hoje são os intérpretes dos helenos no Egito. E esses iônios e cários habitaram nesses territórios durante muito tempo; e estes mesmos são os que estão próximos ao mar, um pouco abaixo da cidade de Bubástis, na embocadura do Nilo, chamada Pelúsio. De fato, muito tempo depois, o rei Amásis retirou-os desses territórios e levou-os para que habitassem Mênfis[252], tornando-os membros de sua guarda pessoal em vez dos egípcios. Depois de eles terem se instalado no Egito, os helenos assim estabeleceram uma convivência com eles e começaram a conhecer com precisão todos os acontecimentos que ocorreram no Egito desde a época do rei Psamético; pois estes foram os primeiros que falavam uma língua estrangeira e que se instalaram para morar no Egito. Desde quando eles emigraram desses territórios, de fato, existem nesses locais tanto os lugares secos, para onde arrastavam os seus navios, como as ruínas das suas moradias, que existiam até a minha época. Portanto, Psamético obteve o Egito dessa maneira.

155. E, muitas vezes, já fiz menção ao oráculo que existe no Egito, e ainda comporei um relato a respeito dele que lhe seja digno. Pois esse oráculo, que existe no Egito, é o templo de Leto, erigido em uma grande cidade próxima à embocadura do Nilo, chamada Sebenítica, para quem vem navegando do mar para cima...[253] E o nome dessa

---

conversas especialmente tidas com os sacerdotes das principais cidades em que esteve. Convém ressaltar que tais características são encontradas na narrativa homérica, pois existem contradições nos episódios, e sua narrativa também não é linear tanto na *Ilíada* como na *Odisseia*.

252. Portanto, como vimos na nota anterior, não se trata da totalidade deles, mas daqueles que permaneceram ao lado de Psamético, o que revela a fidelidade desse grupo de iônios e cários, daí o novo rei tê-los escolhido para serem seus guardas, visto que suas ações demonstraram o quanto eles eram valiosos para os egípcios, além de sua larga experiência militar.

253. Pequena lacuna do texto. Os editores dos textos costumam completar com o verberte ποταμός (*potamós*), que significa: "rio". Portanto, a sugestão de tradução é a de que seja: "para quem vem navegando do mar, rio acima", ou até mesmo sem o verbete ποταμός (*potamós*), apenas subentendida a palavra rio, por conta do sentido

cidade onde está localizado o oráculo é Buto, como já havia sido citado por mim antes[254]; e existe, nesta mesma cidade de Buto, um templo de Apolo[255] e de Ártemis[256]. E também há o santuário de Leto, no qual, de fato, existe um oráculo, e que ele mesmo é grande e tem pórticos que perfazem dez braças de altura. E falarei sobre o que é principalmente apresentado de maravilhoso dentre todas as coisas que são visíveis nele. Nessa parte que abriga um altar, existe um santuário de Leto, a partir do qual uma única pedra trabalhada vai em direção ao alto e em uma única largura, e cada parede é igual em largura e altura[257]; cada uma tem quarenta côvados. E a cobertura do telhado é formada por outra pedra com sua borda saliente, perfazendo a medida de quatro côvados.

156. Portanto, esse santuário, dentre as coisas que me foram visíveis sobre esse templo, é o que existe de mais maravilhoso; em segundo lugar, está a chamada Ilha Quêmis[258]. Ela está localizada em um lago profundo e largo, ao lado do templo existente na cidade de Buto; é dito pelos egípcios que essa ilha tem a característica de viajar pela água. Eu próprio, pelo menos, não a vi navegando nem se movendo; e fico atônito quando ouço isso, se é verdade que uma ilha é efetivamente capaz de viajar pela água[259]. Então, de fato, nesse

---

de ἄνω (*ánō*), que denota um movimento de "baixo para cima", no caso dos rios, com o significado de "em direção à nascente dos rios"; portanto, sem considerar qualquer lacuna no texto.

254. Heródoto refere-se aos Capítulos 83 e 152 deste livro.

255. Filho de Zeus e Leto, irmão gêmeo da deusa Ártemis, Apolo é considerado o deus da adivinhação e da música, conhecido também por sua excepcional beleza física.

256. Filha de Zeus e de Leto, além de ser a deusa do parto e da caça, Ártemis estava relacionada à Lua por oposição ao seu irmão gêmeo Apolo, que estava associado ao Sol, assim, ela portava arco e flecha prateado; e ele, dourado.

257. As evidências arqueológicas, no entanto, demonstram que havia somente uma parede inteira.

258. Grande cidade da província de Tebas, próximo a Neapolis, sobre a qual Heródoto discorre no Capítulo 91 deste *Livro II*.

259. Havia, entre os helenos, o mito das ilhas flutuantes que viajam pela água. O estranhamento de Heródoto pode ser explicado por ele nunca ter visto a ilha

mesmo lugar, foi construído um grande santuário de Apolo[260] e três altares, no qual nascem numerosas palmeiras, outras espécies de árvores, algumas frutíferas e muitas sem frutos. E os egípcios traçam conexão com a seguinte história para dizer que essa ilha viaja pela água: que essa ilha, no princípio, não era flutuante, quando Leto, que estava entre os oito deuses que se originaram primeiro, habitava na cidade de Buto, onde de fato está esse oráculo, e recebeu Apolo das mãos de Ísis, para que ela o protegesse, e, para mantê-lo são e salvo, ela o escondeu nessa ilha que, hoje, é chamada flutuante, quando Tífon[261] chegou lá, depois de tê-lo procurado por toda a terra, querendo encontrar o filho de Osíris[262] (eles dizem que Apolo e Ártemis são filhos de Dioniso e de Ísis, e que Leto foi a nu-

---

de Quêmis se mover. Entretanto, basta lembrar o mito de Apolo e de Ártemis, criados em Delos, considerada uma ilha itinerante, que viajava pelos mares e pelo Oceano. Tal característica lhes propiciou escapar à perseguição da enciumada deusa Hera, esposa e irmã de Zeus, que se indignava com as traições de seu marido e perseguia os seus filhos bastardos, o mais famoso, por ter sido incessantemente perseguido, foi Héracles.

260. Por sua natureza viajante, a ilha de Quêmis mostra-se o local ideal para a edificação de um santuário de Apolo. Consultar nota anterior.

261. O filho mais novo de Geia e de Tártaro, um ser monstruoso, intermediário entre um homem e uma fera. Era o mais forte de todos os filhos de Geia, maior que todas as montanhas, e a sua cabeça tocava nas estrelas. Em vez de dedos, Tífon tinha dragões em suas mãos; com sua cintura cercada por víboras, também possuía asas, e os seus olhos soltavam fogo. Ao abrir os braços, as mãos de Tífon atingiam o Oriente e o Ocidente. Quando Tífon resolveu atacar o céu, os deuses fugiram para o Egito e se esconderam no deserto. Apenas Zeus e Atena resistiram ao ataque de Tífon. O combate aconteceu no Monte Cásio, entre o Egito e a Arábia, quando Zeus o fulminou com seus raios. Consultar Apolodoro, *Biblioteca*, I, 6, 3.

262. Irmão e marido de Ísis, no início de seu culto, Osíris era considerado o deus do mundo dos mortos, visto que seu mito relata um episódio em que teria ressurgido dos mortos, depois de seu irmão Seth tê-lo matado e o esquartejado. Por tal característica, ele ainda está associado à vegetação, dado que o vegetal surge da terra, revelando sua vida ao mundo exterior. Por ter se tornado um deus popular e que atravessou muitos séculos e territórios, outros atributos lhe foram imputados, como o deus do Sol. A fonte mais conhecida para conhecermos um pouco mais, não somente sobre Osíris, como também Ísis, é o tratado de Plutarco intitulado *De Ísis e Osíris*.

triz deles e sua salvadora[263]; e, para os egípcios, Apolo é Hórus[264]; Deméter[265] é Ísis; e Ártemis é Bubástis[266]. A partir dessa história e de nenhuma outra, Ésquilo[267], filho de Euforíon, retirou o tema da história que conto; de fato, somente ele dentre os poetas anteriores, pois ele compôs Ártemis como filha de Deméter); e a ilha tornou-se flutuante por causa disso. Assim, os egípcios contam esses acontecimentos.

157. E Psamético reinou sobre o Egito durante cinquenta e quatro anos, dentre os quais vinte e nove anos ele permaneceu diante de

---

263. Apesar de Heródoto demonstrar uma anterioridade desses deuses no Egito, os quais os helenos veneraram depois, é interessante perceber que, de acordo com a narrativa herodotiana, cada povo recebeu e concebeu seus mitos de maneira diferente, com alguns elementos comuns, mas pautados na sua própria cultura. O exemplo de Apolo e de Ártemis revela um elemento comum: a ilha que viaja pela água, ou seja, uma ilha flutuante, que consta tanto na versão dos helenos como na dos egípcios.

264. Deus dos céus, representado com a cabeça de um falcão, seus olhos reproduzem as imagens do Sol e da Lua. Embora tenha nascido muito tempo depois da morte de Osíris, este deus é tido como o pai de Hórus, que vingou a morte do pai ao matar o deus Seth, que antes feriu o olho da Lua de Hórus, que recebeu o amuleto da serpente em seu lugar. Depois disso, Hórus reinou sobre os egípcios.

265. Deusa helena relacionada ao culto da terra cultivada; em particular, à cultura do trigo. Também pertence à segunda geração divina, filha de Crono e de Reia. Seu mito comumente aparece ligado ao de sua filha, Perséfone, por quem busca fervorosamente após esta ter sido raptada por Hades, o deus do mundo ínfero. Para mais detalhes, consultar: *Hino a Deméter*, atribuído a Homero.

266. Trata-se da deusa gato Bastet, também conhecida como Bubástis, relacionada à mulher e à sua fertilidade; também considerada uma divindade solar, responsável pelos eclipses do Sol. A deusa era representada por uma gata sentada, por isso, em seu entorno, havia um grande cemitério de gatos. Após a dominação de Alexandre, o Grande, por influência dos helenos, a deusa passou a ser associada à helena Ártemis, e assim ser cultuada como deusa da Lua, portanto, regente dos eclipses lunares.

267. Tragediógrafo, nascido em Elêusis, 525-426 a.C. Embora Heródoto afirme que Ésquilo escreveu uma peça teatral tratando desse tema, não temos conhecimento de nenhuma obra em que ele tenha desenvolvido essa temática, talvez o tenha feito em uma das suas muitas tragédias perdidas.

Azoto[268], uma grande cidade da Síria, por tê-la sitiado, até que ele a capturou. E essa cidade de Azoto resistiu mais tempo ao ser sitiada dentre todas as cidades que nós conhecemos.

158. E um filho de Psamético, Neco[269], também reinou sobre o Egito. Ele foi o primeiro a empreender a construção do canal que levava ao Mar Eritreu, o qual o persa Dario[270] em um segundo momento escavou por completo. Sobre a extensão da sua navegação, são quatro dias, e sua largura foi escavada até que duas trirremes[271] navegassem por igual, postas em movimento pelos remos; e a água trazida para ele é proveniente do Nilo, e passa um pouco abaixo da cidade de Bubástis, ao lado de Patumo, uma cidade da Arábia, que deságua no Mar Eritreu. Primeiro, a sua escavação veio da planície do Egito, tomando os territórios em direção à Arábia, e vinha por baixo da planície em direção à montanha que se estende pelas cercanias de Mênfis, na qual as pedreiras estão situadas; então, de fato, o canal passa por essa montanha junto à região que se estende até o sopé de uma cadeia de montanhas, por uma longa extensão, proveniente do oeste em direção ao leste, e, em seguida, estende-se

---

268. Grande entreposto comercial, a cidade é conhecida por sua riqueza, por isso a insistência de Pasamético e, ao mesmo tempo, o poder de resistência dessa cidade, que hoje está localizada no Estado de Israel.

269. Trata-se de Neco II, faraó egípcio durante os anos 660 e 593 a.C., época em que houve a ascensão do poder do rei Nabudonosor, quando foi obrigado a se aliar à Assíria para conter o avanço da Bablilônia na região. No entanto, a tentativa de Neco II foi infrutífera, pois o rei babilônio dominou a ambos os Impérios, e tanto assírios como egípcios serviram ao poderoso rei Nabucodonosor. Neco II também ficou conhecido por ter incentivado a navegação do Mar Vermelho, feita pelo fenício Hanon, que navegou o referido mar indo em direção à costa do norte da África até chegar ao Mar Mediterrâneo, por onde retornou ao Egito, um marco da navegação do período.

270. Segundo Diodoro Sículo, século I a.C., o canal não foi finalizado por Dario, mas sim por Ptolomeu Filadelfo. Entretanto, o historiador concorda com Heródoto sobre ter sido o faraó Neco II o primeiro a iniciar a sua escavação. Consultar Diodoro Sículo, *Biblioteca histórica*, XXII, 3-4.

271. Naus helenas com três fileiras de remos.

em direção aos precipícios, seguindo da montanha em direção ao meridiano e ao vento sul no sentido do Golfo Arábico. Por ele, o trajeto é menor e é o caminho mais curto que vem do mar do norte[272] passando por cima, em direção ao mar do sul, também este é chamado de Eritreu, proveniente do Monte Cásio, que divide a fronteira entre o Egito e a Síria; desse lugar até o Golfo Arábico, são mil estádios de distância; esse é o caminho mais curto, mas o canal é muito mais extenso do que ele, tanto quanto é mais sinuoso. No período em que Neco reinou, dentre os homens que foram utilizados para a escavação do canal do rei, vinte mil morreram; então, Neco interrompeu a escavação do canal no meio dela, por ter recebido a resposta de um oráculo, que lhe colocava um obstáculo, que dizia o que se segue: que ele estava antecipando o trabalho dessa obra para o bárbaro; e os egípcios chamam de bárbaros aqueles que não falam a mesma língua que eles[273].

159. Depois de ter interrompido a construção do canal, Neco voltou-se para suas funções militares, e suas trirremes foram construídas, umas no mar do norte e outras no Golfo Arábico, em torno do Mar Eritreu; desses trabalhos, ainda os lugares secos para onde arrastavam as trirremes são visíveis. E ele utilizou essas trirremes conforme a sua necessidade, e Neco venceu os sírios com sua infantaria, enfrentando-os em Mágdolo[274], e, depois dessa batalha, ele

---

272. Heródoto refere-se ao Mar Mediterrâneo, que está localizado ao norte do Egito.

273. Convém ressaltar que Heródoto, uma vez mais, utiliza a sua visão de mundo helênico para interpretar os costumes dos estrangeiros, pois sua afirmação de que os egípcios consideravam bárbaro todo aquele que não falava sua língua remete-nos ao que era pensado na Hélade. É senso comum entre os helenistas que, para os helenos, os bárbaros eram qualquer povo que não falava a sua língua, por conseguinte, os que não eram helenos. Como eles não entendiam a língua dos povos bárbaros, diziam que esses indivíduos falavam *bar bar bar*.

274. Tal batalha também está descrita no *Livro 2, 23 dos Reis*, na história de Josias, o rei justo. Lá está escrito (observe a diferença na grafia dos nomes, fato explicável pelo texto ser de época diferente do de Heródoto): "No seu tempo, o Faraó Necao, rei do Egito, subiu para se encontrar com o rei da Assíria, junto ao Rio Eufrates.

capturou Cáditi[275], a grande cidade da Síria. Ofereceu a vestimenta que ele trajava naquela batalha a Apolo, que ele havia enviado ao oráculo dos Brânquidas[276], em Mileto[277]. Depois de ter governado durante dezesseis anos completos, ele morreu, e o seu poder foi entregue ao seu filho Psâmis.

160. No período em que Psâmis reinou sobre o Egito, mensageiros de Élide[278] foram à sua presença[279], vangloriando-se por terem, dentre todos os homens, instituído as regras mais justas e as mais belas disputas em Olímpia[280]; e julgavam que, por essas razões, nem mesmo

---

O rei Josias marchou contra ele, mas, na primeira batalha em Meguido, Necao o matou [...] então o povo pegou Joacaz, filho de Josias, o ungiu e o colocou no trono [...] O Faraó Necao prendeu Joacaz em Rebla, no país de Emat, para que ele não reinasse mais em Jerusalém. O Faraó impôs ao país um tributo de três toneladas de prata, e trinta e quatro quilos de ouro [...] mas para pagar a quantia exigida pelo Faraó, teve que criar impostos no país.". E o relato continua com a dominação babilônica em Jerusalém, que também se realiza no Egito do faraó Neco, em 605 a.C., quando Nabucodonosor se torna o senhor de toda essa região. A tradução utilizada foi retirada da *Bíblia Sagrada. Edição Pastoral*. Introdução, tradução e notas de Ivo Storniolo e Euclides Martins Balancin. 64. ed. São Paulo: Paulus, 2008.

275. Cidade que corresponde à atual Gaza. Estima-se que essa batalha tenha sido realizada em 609 a.C.

276. Família que cuidava do santuário de Didimo, em Mileto, considerado o segundo mais importante da Hélade depois do de Delfos. Lá havia o oráculo de Apolo, que foi destruído pelos persas em 493 a.C., os quais saquearam seus tesouros e subtraíram-lhe a estátua de bronze de Apolo.

277. Cidade localizada na Ásia Menor, cujas atividades comerciais se destacaram em toda a sua região, pois estabeleceu relações comerciais com o sul da Itália, com a Trácia, local em que fundou colônias e, principalmente, com o Egito, em que estabeleceu um posto comercial em Náucratis, no Delta do Rio Nilo.

278. Localidade situada na região costeira da península do Peloponeso, também conhecida como Élis, cuja capital é a cidade de Pirgos.

279. Conforme o relato de Diodoro Sículo, os mensageiros dos elidenses estiveram no Egito para tratar dessas questões na época em que Amásis era o rei, não Apriés. Consultar Diodoro Sículo, *Biblioteca histórica*, I. 3.

280. Heródoto refere-se aos jogos Olímpicos, instituídos em 776 a.C., que integravam os festivais pan-helênicos realizados na Hélade. O festival realizado em Olímpia, uma cidade da Élide, era o mais famoso e congregava o maior número de

os egípcios, que eram os mais sábios dos homens, inventariam nada a mais. Quando os elidenses chegaram ao Egito e disseram por quais motivos tinham vindo, nesse momento, esse rei reuniu os que eram aclamados por ser os mais sábios dos egípcios. E esses egípcios reuniram-se e procuraram saber dos elidenses, que lhes contaram todas as regras apropriadas que eles instituíram para as competições; depois de ter explicado todas as regras minuciosamente, eles disseram que vieram para aprender algo mais, se os egípcios poderiam inventar alguma outra mais justa. Depois de terem deliberado sobre o assunto, perguntaram aos elidenses se os seus cidadãos disputavam essas competições. E eles responderam que igualmente, tanto entre eles como entre os demais helenos, quem quisesse tinha permissão para disputar essas competições. E os egípcios disseram-lhes que, do modo como haviam instituído, estavam completamente enganados quanto ao que era justo; pois não haveria nenhuma trama para que algum cidadão que estivesse competindo fosse favorecido, e que eles fossem injustos com um estrangeiro; mas se, de fato, quisessem instituir regras com justiça e por isso tinham vindo ao Egito, e os aconselharam a estabelecer que os estrangeiros disputassem essas competições, e que a nenhum dos elidenses fosse possível disputá-las. Os egípcios aconselharam isso aos elidenses.

161. E Psâmis reinou durante apenas seis anos sobre o Egito e realizou uma expedição militar contra a Etiópia e, logo depois de morrer, Apriés[281], o filho de Psâmis, herdou o trono; depois do seu avô

---

helenos e de estrangeiros, por sua beleza e grandiosidade. O festival, também conhecido como Jogos Olímpicos, era realizado a cada quatro anos, na época do verão, quando era decretada a chamada trégua sagrada, e todas as Guerras Helênicas eram suspensas para a realização de suas atividades. Havia disputas de oratória, poesia, teatro, atléticas e corridas de cavalos, além da organização de uma grande feira. O teatro de Olímpia, onde se realizavam as disputas, tinha capacidade para quarenta mil espectadores sentados. Ainda hoje, é possível ver toda essa estrutura na cidade de Olímpia, na Grécia.

281. Faraó egípcio, 589-570 a.C., um governante guerreiro que lutou contra a invasão babilônica com os povos da Síria Palestina. Mesmo assim, o grande rei Nabucodonosor venceu e dominou a todos. Apriés é nome que os helenos deram ao faraó Uahibré; já os sírios-palestinos o chamavam de Hofra, citado no

Psamético, ele foi o mais próspero dentre os reis que o antecederam, governando por vinte e cinco anos, nos quais o seu exército marchou contra Sídon e realizou uma batalha naval contra Tiro. Mas ele precisava necessariamente estar em má situação[282], eu explicarei mais, de maneira minuciosa, de onde se originou a causa disso nas *Histórias líbias*, apropriadamente nelas presente. Pois Apriés enviou um exército contra Cirene e sofreu um grandioso revés do destino ao perder a batalha, e os egípcios o culparam por isso e se afastaram dele, porque pensavam que Apriés os havia enviado propositadamente para um mal evidente, a fim de que, de fato, a morte os atingisse, e ele governasse o restante dos egípcios de modo mais seguro. Depois de terem passado por essas coisas terríveis, eles retornaram para casa e os amigos dos que haviam perecido revoltaram-se abertamente[283].

---

livro bíblico dedicado ao profeta Jeremias, que profetizou o seguinte: "Assim diz Javé: Eu entregarei o Faraó Hofra, rei do Egito, nas mãos de seus inimigos, daqueles que o querem matar, assim como entreguei Sedecias, rei de Judá, nas mãos de Nabucodonosor, rei da Babilônia, que era inimigo dele e que o queria matar" (*Jeremias, 44,30*). Tradução de Ivo Storniolo e Euclides Martins Balancin. In: *op. cit.*

282. A frase em grego é: Ἐπεὶ δέ οἱ ἔδεε κακῶς γενέσθαι (*Epeì dé hoi édee kakõs genésthai*), literalmente: "mas ele precisava necessariamente estar em má situação". Conforme Chantraine, o verbo δέω (*déō*) exprime inicialmente, no sentido ativo, "faltar", "ser inferior", às vezes, "pedir". O estudioso destaca a criação de δεῖ (*deî*), "deve-se"; com o tempo, seu sentido impessoal passou a ser semelhante a χρή (*khrē*) "utilidade" e "conveniência" ἀνάγκη (*anánkē*), com a ideia de "necessidade", também de "obrigatoriedade"; e Chantraine acrescenta que é um trabalho inútil querer distingui-los. Consultar: Pierre Chantraine. *Dictionnaire étymologique de la langue grecque, histoire des mots*. Paris: Éditions Klincksieck, 1971. Tome I, *sv*. Dentro desse vasto campo semântico, podemos inferir que Apriés deveria passar por esse revés por ser um mortal, portanto, um "ser inferior", cuja vontade está submetida à dos deuses; por esse motivo a "obrigatoriedade" da sua má sorte, por "utilidade" e "conveniência", dada a "necessidade" de que a parte determinada pelo seu destino, seu quinhão, fosse cumprida. Convém ressaltar que essa frase denota ainda a força que o destino opera nas interpretações herodotianas dos fatos; tal frase revela bem a noção de que Apriés deveria passar por maus momentos em seu reinado.

283. Heródoto retoma esse episódio no *Livro IV*, Capítulo 64, no qual demonstra a boa vontade de Apriés e o quanto os seus concidadãos estavam enganados; portanto, que suas suspeitas eram infundadas.

162. E quando Apriés foi informado sobre esses acontecimentos, enviou Amásis para colocar termo às insatisfações deles com seus argumentos. Mas, quando ele chegou, conteve os egípcios para que não fizessem isso; enquanto discursava, um dos egípcios, que estava em pé atrás dele, colocou o capacete sobre a sua cabeça e disse que lhe conferia a realeza. E ele não teve qualquer má vontade quanto ao que foi feito, como isso ficou manifesto; portanto, depois, os que haviam se revoltado o estabeleceram como rei dos egípcios, e ele se preparou para marchar contra Apriés. E após Apriés ser informado sobre esses acontecimentos, enviou um homem notável dentre os egípcios de sua corte contra Amásis, cujo nome era Patárbemis, ordenando-lhe que trouxesse Amásis vivo à sua presença. E quando ele chegou até Amásis, Patárbemis chamou-o, e Amásis (pois ele, por acaso, estava montado no cavalo), depois de ter se levantado, comportou-se de modo inconveniente[284] e ordenou-lhe que o levasse[285] para Apriés. E, do mesmo modo, Patárbemis afirmou como verdade que ele foi enviado pelo rei para levá-lo à sua presença; e Amásis respondeu-lhe que há muito tempo havia se preparado para isso, e que Apriés não o censuraria; pois ele levaria outros para apresentar ao rei. E Patárbemis não compreendeu o plano que provinha de suas palavras e, ao ver o que havia sido preparado, partiu com pressa, querendo o mais rápido possível revelar ao rei as coisas que haviam sido feitas. E, quando ele chegou à presença de Apriés, sem trazer Amásis, ele não lhe permitiu dizer nada, mas ficou cheio de ira e ordenou que suas orelhas e seu nariz fossem cortados. Quando os restantes dos egípcios, aqueles que ainda levavam em consideração os assuntos de Apriés, viram o homem mais notável dentre eles

---

284. O verbo em grego é ἀπεματάϊσε (*apemaitáïse*), aoristo indicativo ativo da terceira pessoa do singular do verbo ἀποματαΐζω (*apomataízō*), um eufemismo para o verbo ἀποπέρδω (*apopérdō*), que significa "peidar", ou "soltar flatos", este último sugestão do *Dicionário Grego-Português α-δ*, coordenado por Daisi Malhadas, Maria Celeste Consolin Dezotti e Maria Helena de Moura Neves, publicado pela Editora Ateliê, em 2006, de onde advém a maior parte das definições dos verbetes citados nesta tradução; apenas esclarecemos que o dicionário é composto por cinco volumes, lançados em anos distintos, entre 2006 e 2010.

285. Isto é, que levasse o peido, ou o flato, para o rei Apriés.

sendo tão vergonhosamente ultrajado, de fato, sem perder muito tempo, afastaram-se dele, foram para o lado dos outros e se entregaram para

163. Amásis. E após Apriés ser informado sobre esses acontecimentos, armou seus guardas e marchou contra os egípcios; ele tinha do lado dele homens cários e iônios, perfazendo o número de trinta mil guardas, e as dependências palacianas estavam na cidade de Sais, grande e digna de admiração. E os partidários de Apriés partiram contra os egípcios, e os que estavam do lado de Amásis foram contra os estrangeiros; de fato, ambos os exércitos se encontraram na cidade de Momênfis[286], porque tinham a intenção de testar uns aos outros.

164. E existem, dentre os egípcios, sete classes e, dentre estas, estão os sacerdotes, os guerreiros, os vaqueiros, os porqueiros, os negociantes, os intérpretes e os pilotos das embarcações. E esses são o número de classes dos egípcios, e que eles colocam seus nomes a partir de seus ofícios. Os guerreiros dos egípcios são chamados *Kalasíries*[287] e *Hermotíbies*[288], que são provenientes das províncias nomeadas a seguir; pois, de fato,

165. todo o Egito está dividido de acordo com suas províncias. Os Hermotíbios são das seguintes províncias: Busíris, Sais, Quêmis, Prosopítis[289], a chamada Ilha Prosopítis, e a metade de Nato[290]; os Hermotíbios são provenientes dessas províncias e, quando atingem o seu maior número, perfazem cento e sessenta mil homens.

---

286. Cidade localizada nas proximidades do Lago Méris, construído no século XIX a.C. pelo faraó Amenemhat III, também conhecido como lago de Osíris.

287. O termo em grego é Καλασίριες (*Kalasíries*), que são os calassírios. Como veremos no capítulo seguinte, os nomes das classes dos guerreiros egípcios designa as províncias de onde eles são oriundos.

288. O vocábulo em grego é Ἑρμοτύβιες (*Hermotýbies*), isto é, os hermotíbios.

289. Ilha localizada na região do Delta do Nilo. Heródoto faz uma breve descrição dessa ilha no Capítulo 41 deste *Livro II*.

290. Localizada na região do Baixo Egito.

E nenhum deles aprende a fazer nenhum tipo de trabalho manual, mas estão voltados para o ofício de guerreiro.

166. E os Calassírios são os outros, provenientes das seguintes províncias: de Tebas, de Bubástis, de Áfitis[291], de Tânis[292], de Mendes[293], de Sebenitos[294], de Átribis[295], de Farbaítis[296], de Tmuis[297], de Onúfis[298], de Ânitis[299], de Miecforis[300] (esta província está situada na ilha em frente à cidade de Bubástis); e estas são as províncias dos Calassírios; quando atingem o seu maior número, eles perfazem duzentos e cinquenta mil homens. Também não lhes é permitido trabalhar em nenhuma outra atividade, mas executar somente as atividades relacionadas à guerra, porque as herdam

167. de seus pais. Portanto, se os helenos aprenderam isso com os egípcios, não posso emitir um julgamento com exatidão, olhando para os trácios, os citas, os persas e os lídios, e quase todos os bárbaros

---

291. Localizada próxima à cidade de Alexandria.

292. Cidade localizada ao norte do Delta do Nilo, lugar que foi a capital do Egito nas XXI e XXII dinastias egípcias, de 1069 a 720 a.C.

293. Cidade situada do lado leste do Delta do Rio Nilo. Está associada ao culto de Osíris. Há ainda a relação entre o nome da cidade com um deus homônimo que representava a preservação da natureza.

294. Cidade localizada na região do Baixo Egito, nas proximidades do Delta do Nilo.

295. Situada próxima ao Delta do Nilo, localizada na planície do Baixo Egito.

296. Pequena cidade localizada na planície do Baixo Egito, vizinha ao Delta do Nilo.

297. Localizada no canal do Rio Nilo, situada na planície do Baixo Egito. No século IV d.C., Tmuis foi um importante entreposto comercial e centro religioso à época da dominação romana, sendo isenta de pagamento de impostos pelo prefeito de Alexandria.

298. Cidade do Baixo Egito, próxima ao Delta do Nilo e subdistrito da cidade de Alexandria.

299. Localizada no Delta do Nilo, na planície do Baixo Egito.

300. Situada em uma das ilhas do Delta do Nilo, na planície do Baixo Egito.

consideram que os mais desprestigiados dos demais cidadãos são os que aprendem as artes manuais e os antepassados desses, enquanto os que estão livres das atividades manuais são considerados nobres e, principalmente, os que se dedicam aos assuntos da guerra. Então todos os helenos que aprenderam isso, principalmente os lacedemônios, mas os coríntios[301] desaprovam

168. menos aqueles que exercem atividades manuais. E somente eles tinham estes privilégios de receber os doze lotes de terra dentre os egípcios, além dos sacerdotes[302], cada um deles tinha a honra especial de receber doze *árourai*[303], isentos de tributo. E cada terra arável formava um quadrado, que tinha, no total, o tamanho de cem côvados egípcios de cada lado, sendo igual ao côvado sâmio. De fato, todos eles tinham essa honra especial de receber terras aráveis, estas usufruídas cada uma na sua vez e jamais pelos mesmos. Mil Calassírios e alguns outros Hermotíbios compunham a guarda pessoal do rei pelo período de um ano; e eles recebiam outros provimentos; além das suas terras aráveis, eram cinco minas para cada um de farinha de trigo torrada, duas minas de carne de boi, quatro canecas[304] de vinho por dia; e estes eram os privilégios concedidos aos homens da guarda pessoal do rei.

169. Depois de eles terem se reunido, Apriés trouxe os seus guardas e Amásis chegou com todos os egípcios à cidade de Momênfis, quando se enfrentaram. E os estrangeiros combateram bem, mas eram muito inferiores em número; em razão disso, foram derrotados. E diz-se que Apriés estava com o pensamento que se segue: nenhum deus poderia de modo algum interromper o seu reinado; pensava que havia construído de forma muito segura o seu reino; mas, naquele

---

301. Habitantes da cidade de Corinto, situada na região da Lacedemônia.

302. Os sacerdotes integravam a primeira classe do Egito, seus membros pertenciam à aristocracia e o seu chefe supremo era o próprio faraó.

303. Em grego, ἄρουραι (*árourai*) pode ser traduzida por "terra arável", denominação que adotamos neste capítulo, ou "campo", mas *árourai* também é uma medida agrária egípcia equivalente a 2.623 metros quadrados.

304. Em grego, ἀρυστῆρες (*arystêres*), cada ἀρυστήρ, *arystḗr*, equivalia a 1 litro.

momento, ele foi vencido, capturado e levado com vida para a cidade de Sais, para o palácio que antes era seu, mas, nesse momento, Amásis já estava residindo na morada régia. Então, por um longo tempo, ele foi alimentado nas dependências régias, e Amásis tratava-o bem; finalmente, como os egípcios o estavam censurando porque ele não fazia o que era justo, ao alimentar quem era o seu maior inimigo e deles, assim então, Amásis entregou Apriés aos egípcios. E eles o estrangularam e o enterraram no túmulo dos seus antepassados; que estava no templo de Atena[305], muito próximo do seu santuário, para quem entra do lado esquerdo. E os saítas enterravam todos os reis nascidos nessa mesma província dentro desse templo. E o túmulo de Amásis é mais distante do santuário que o do de Apriés e o dos seus antepassados, todavia ele está no pátio aberto do templo, colunas que o circulam de pedras grandiosas e bem trabalhadas com entalhes de árvores de palmeiras e representações com uma extravagância incomum; e, do lado de dentro, nessa coluna circundante, estão posicionados dois portais, e o túmulo está entre esses portais.

170. E também em Sais está o túmulo de quem não é permitido pelos deuses que eu pronuncie o seu nome nesse assunto[306], ele está no templo de Atena, atrás do santuário, tomando toda a parede do templo de Atena. Também estão colocados nesse recinto sagrado obeliscos de pedras grandiosas, e existe um lago com uma pedra basilar ornamentada e trabalhada em forma de um belo e grandioso círculo, como me parece, tão grande quanto

171. o que existe em Delos, chamado *Trocoeidés*[307]. E nesse lago, durante a noite, realizam as representações dos sofrimentos do deus[308],

---

305. Filha de Zeus e Métis. Esta foi engolida por Zeus antes de concebê-la, por conta de um oráculo que o alertava sobre o perigo de gerarem um filho juntos, pois seria ele quem destronaria Zeus. Então, Atena foi costurada na cabeça de seu pai, para que findasse sua gestação.

306. Consultar o Capítulo 40 deste *Livro II*.

307. O termo, em grego, é τροχοειδής (*trokhoeidés*), que significa: "em forma de roda, ou de círculo, circular".

308. Trata-se do deus egípcio Osíris.

os quais os egípcios chamam Mistérios[309]. Portanto, eu conheço até mais sobre essas representações, como é feita cada uma delas, mas mantenho meu religioso silêncio. E a respeito do ritual sagrado de Deméter, o que os helenos chamam Tesmofórias[310], sobre este também mantenho meu religioso silêncio, exceto sobre o que for permitido pelos deuses dizer. As filhas de Dânao[311] foram as que trouxeram esse ritual sagrado do Egito e o ensinaram às mulheres dos pelasgos; depois da expulsão de todo Peloponeso pelos dórios, o ritual sagrado extinguiu-se, mas os árcades remanescentes do Peloponeso, que não emigraram, foram os únicos que o preservaram.

172. E assim, depois de Apriés ter sido destronado, reinou Amásis, que era da província de Sais, proveniente de uma cidade cujo

---

309. Como veremos adiante, Heródoto traça um paralelo entre os Mistérios Egípcios com os Mistérios de Elêusis dos helenos.

310. As principais informações que temos sobre as Tesmofórias são oriundas da peça de Aristófanes, que foi representada em Atenas, entre 411 e 410 a.C., como *Tesmoforiantes,* ou ainda, *As mulheres que celebram as Tesmofórias.* As Tesmofórias são uma festa exclusiva para mulheres, realizada em honra à deusa Deméter. Estima-se que ela se realize no mês de outubro, que rege a fertilidade dos campos. Era, portanto, uma celebração agrícola, para que as colheitas futuras fossem propícias. Atenas era o seu local principal, mas não o único. Diversas regiões celebravam as Tesmofórias; mas não dispomos de detalhes sobre como elas eram realizadas.

311. Filho de Belo e de Anquínoe, Dânao descendia, por parte de pai, de Posídon e da ninfa Líbia. Por essa razão, era considerado herdeiro do trono da Líbia; contudo, aconselhado pela deusa Atenas, Dânao, que nascera no Egito, fugiu, por temer os 50 filhos de seu irmão, também chamado Egito. Dânao aportou em Argos, cidade da qual é considerado fundador. Para mais detalhes sobre o seu mito, consultar Apolodoro, *Biblioteca*, II. 1.4-10.
O mito de Dânao relata que ele teve cinquenta filhas, conhecidas por Danaides. Sobre elas, há o mito de que Dânao, depois de ter fugido da sua terra natal com suas filhas, para que não fossem mortos por seu irmão e seus filhos, tramou sua vingança contra eles da forma que segue: o seu irmão Egito tinha cinquenta filhos; fingindo uma reaproximação, Dânao ofereceu suas cinquenta filhas aos seus sobrinhos, para que selassem a paz e a união do Egito com Argos. Na noite dos casamentos, Dânao presenteou cada uma de suas filhas com um punhal, os quais foram usados para matar seus maridos na lua de mel; apenas Hipermnestra não cumpriu o combinado, pois havia se apaixonado por Linceu, porque ele demonstrara amor e respeito por ela.

nome é Siuf. De fato, no início, os egípcios desprezavam Amásis e não lhe davam nenhuma importância, porque, antes, ele era um homem do povo e de uma família que não era ilustre; mas, depois, por sua sabedoria e por não cometer erros em seus julgamentos, Amásis trouxe-os para o seu lado. Ele tinha inúmeros outros bens, entre os quais também havia uma bacia para os pés de ouro, na qual o próprio Amásis e todos os que eram convidados para os seus banquetes lavavam seus pés; depois de parti-la em pedaços, dos quais ele fez uma estátua do deus e a edificou em um lugar da cidade, que era o mais conveniente. E os egípcios vinham visitar essa estátua e a veneravam com muito ardor. E, quando Amásis soube o que estava sendo feito pelos citadinos, convocou os egípcios e revelou-lhes, dizendo que aquela mesma estátua originou-se da sua bacia para os pés e, que antes disso, os egípcios vomitavam, urinavam e lavavam seus pés nela, mas que, nesse momento, eles a veneravam com muito ardor. Então, ele afirmou que o que havia acontecido com essa bacia de lavar os pés igualmente declarava o que acontecera com ele mesmo; de fato, ele antes era um homem do povo, mas que, nas circunstâncias presentes, ele era o rei deles; e ordenou que eles o honrassem e fossem respeitosos com ele. Com esse comportamento, ele trouxe os egípcios para o seu lado, a ponto de eles julgarem justo serem os seus servos.

173. E Amásis tirava proveito da instituição de alguns assuntos relacionados ao reino da seguinte maneira: durante a manhã até o momento em que a ágora[312] ficava cheia, de boa vontade, ele administrava os negócios públicos que lhes eram apresentados, e, durante o tempo posterior a esse, bebia, fazia zombarias com os seus companheiros de bebida, era fútil e engraçado. Visto que estavam aflitos por causa desses acontecimentos, seus amigos lhe diziam que ele deveria prestar atenção em tais coisas: "Ó rei, não é correto que exibas a ti mesmo publicamente, além da medida, conduzindo-te para a vulgaridade; pois tu precisas mostrar-te como

---

312. Praça principal de uma cidade helena, com construções públicas, templos e comércios. Nesta praça, eram realizadas assembleias e debates entre os cidadãos. A ágora era considerada um espaço de manifestação da cidadania.

uma majestade, sentado no teu trono majestoso por todo o dia, para administrar os negócios públicos; e assim os egípcios saberiam que são governados por um homem grandioso, e tu ouvirias o melhor sobre ti; e agora não atuas de modo algum com ações régias.". E ele, em resposta, dizia-lhes o seguinte: "Aqueles que possuem os arcos, quando vão utilizá-los, eles os estiram. De fato, se os arcos estivessem estirados durante o tempo todo, eles se quebrariam, a ponto de, em caso de necessidade, eles não os poderem utilizá-los. De fato, assim também é a condição humana; se sempre quisesse ocupar-se ativamente de assuntos sérios e não voltasse uma parte da sua vida para a diversão, não perceberia que ele estaria louco ou certamente se tornaria um perturbado. Porque eu conheço esses assuntos, distribuo uma parte para cada um deles.". E ele respondeu isso para os seus amigos.

174. E conta-se que Amásis, quando era também um homem comum, era amigo da bebida e gostava de ridicularizar os outros, e de maneira alguma um homem que se ocupava ativamente dos assuntos públicos. E ainda que ele se abandonava ao seu hábito de beber e de se regozijar com as coisas que lhe eram convenientes, e roubava quem passava por perto. E aqueles que o acusavam, quando ele negava com veemência que havia tomado o seu dinheiro, levavam-no para a sede de um oráculo, onde cada um deles estava habituado a ir; e ora, muitas vezes, de fato, ele era condenado pelos oráculos, ora, muitas vezes, ainda era absolvido por eles. Depois de Amásis ter se tornado rei, ele realizou as seguintes ações: quantos dentre os deuses que o haviam absolvido pelos roubos foram abandonados, enquanto seus templos não foram cuidados, nem oferecia nada para sua restauração, nem frequentava seu templo para realizar sacrifícios em sua honra, porque os julgava sem nenhuma utilidade, e acreditava que forneciam oráculos mentirosos; enquanto os oráculos que o haviam condenado pelos roubos, estes ele julgava ser de deuses verdadeiros, que forneciam oráculos confiáveis, e cuidava deles o melhor possível.

175. E ele construiu pórticos tão admiráveis no templo de Atena, em Sais, em muito ultrapassando todos, tanto em altura e grandiosidade, quanto ao tamanho das pedras e à qualidade delas; nesse mesmo lugar, ergueu grandiosas imagens colossais e *androsfinges*[313] muito altas, e trouxe muitas outras pedras de tamanho extraordinário para sua restauração. E algumas dessas pedras foram trazidas das pedreiras de Mênfis, enquanto outras, que eram extraordinariamente grandes, vieram da cidade de Elefantina, por navegação, que estava a vinte de dias de distância de Sais. E outra pedra, não menor do que essas, mas que especialmente admiro, é a seguinte: um edifício sagrado feito com uma pedra só, ele trouxe da cidade de Elefantina; e este foi trazido no espaço temporal de três anos, e dois mil homens foram designados para ser seus carregadores, e todos esses eram timoneiros. E o comprimento desse recinto sagrado da sua parte externa é de vinte e um côvados, a sua largura perfaz catorze côvados e sua altura é de oito côvados. E essas são as medidas da parte externa desse recinto sagrado feito com uma pedra só; mas o comprimento da sua parte interna perfaz dezoito côvados e um *pigónos*[314], a sua largura é de doze côvados, enquanto sua altura é de cinco côvados. Essa imagem está colocada junto à entrada. Pois se diz que ela não foi arrastada para o interior do templo pelas seguintes razões: quando o edifício sagrado estava sendo arrastado, o idealizador da construção[315] lamentou o tanto de tempo que ele demorou para ficar pronto e o quanto ele estava cansado com a

---

313. Em grego, ἀνδρόσφιγγας (*andrósphingas*), literalmente: "esfinges com rostos de homens".

314. O termo em grego é πυγόνος (*pygónos*), que se traduz como "côvado", a medida da distância do cotovelo ao início do dedo médio, com a mão fechada, o que equivale a 33 cm. Já πήχεων (*pēkheōn*), traduzido como "côvados", ao lado de *pigónos*, πυγόνος (*pygónos*), equivale a 44 cm. O curioso é que o significado primeiro deste termo é "cotovelo". Medir os objetos por meio do côvado ou do cotovelo é algo muito comum entre os antigos; há notícias de que os babilônios, os egípcios, os helenos, os romanos e outros povos já utilizavam esse método; em razão disso, há variações em suas equivalências. Ressaltamos ainda que essas equivalências variavam de cidade para cidade nessas regiões, portanto, não havia uma unidade métrica, nem mesmo entre os egípcios, por exemplo. Outra tradução encontrada para πυγόνος (*pygónos*) foi a de equivalência a "vinte dedos".

315. A expressão é τὸν ἀρχιτέκτονα (*tòn arkhitéktona*), que pode ser traduzida como "chefe dos operários", "mestre de obras", "construtor", ou ainda "arquiteto" e "inventor". Portanto, o vocábulo insere-se dentro deste comando semântico.

obra, então, Amásis preocupou-se com isso e não permitiu ainda que se continuasse a arrastá-lo. Já alguns dizem que um homem foi esmagado pelo edifício sagrado, este homem era um dos que o estavam arrastando, e que, a partir deste momento,

176. ele não foi mais arrastado. E Amásis dedicou ainda muitas oferendas votivas de grande apreciação em outros templos, obras dignas de ser vistas pela sua grandiosidade; e ainda na cidade de Mênfis depositou de costas uma imagem colossal em frente ao templo de Hefesto, cujo comprimento é de setenta e cinco pés. E no seu próprio alicerce, duas imagens colossais de pedra da Etiópia estão colocadas de pé, cada uma com o comprimento de vinte pés, uma de um lado e a outra do outro lado da imagem gigantesca. Existe outra imagem colossal de pedra, do mesmo tamanho, que está colocada na cidade de Sais, do mesmo modo como está posta em Mênfis[316]. Amásis construiu um templo em honra a Ísis na cidade de Mênfis, ainda maior e mais digno de ser visto.

177. E à época em que Amásis foi rei, diz-se que, de fato, nesse momento, o Egito foi mais próspero tanto em relação às coisas provenientes do rio que foram para o seu território quanto com as que eram provenientes do seu território para os homens, e as cidades em seu território tornaram-se, então, um total de dois mil, as que eram habitadas. E Amásis instituiu uma lei para os egípcios, na qual ele estabelecia o seguinte: que, a cada ano, todo egípcio declarasse ao nomarca[317] de onde ele havia retirado o seu meio de vida; e quem não fizesse isso e não deixasse claro que vivia de maneira justa seria condenado à morte. E o ateniense Sólon[318] trouxe essa lei do Egito

---

316. Isto é, deitada de costas para o templo.

317. O termo, em grego, é νομάρχης (*nomárkhēs*), nome dado ao chefe de um nomo (νομός, *nomós*, "província" ou "região") no Egito, ou seja, o nomarca era o governador de uma província, ou de uma região.

318. Legislador e poeta ateniense, século VI a.C., também considerado um dos Sete Sábios. Sobre ele, há uma biografia plutarquiana. Ler Plutarco, *Vida de Sólon*. Também podemos colher informações a esse respeito em *Constituição ateniense*, de Aristóteles, e de seus próprios poemas e fragmentos deles remanescentes em nosso tempo.

e a instituiu entre os atenienses; e eles sempre a observaram, porque era uma lei que não se podia censurar.

178. E Amásis tornou-se um amigo dos helenos[319], e outras coisas que ele ofereceu a alguns helenos: concedeu permissão àqueles que vinham para o Egito para morar na cidade de Náucratis[320]; e àqueles que não queriam morar nessa cidade, mas que navegavam para lá, ele concedeu territórios para que erigissem altares e santuários em honra aos deuses. Então, o principal, o mais renomado e o mais consultado santuário deles era o chamado Helênion, e as cidades que realizaram suas construções em comum são as seguintes: dentre as que eram iônias, Quios[321], Teos[322], Foceia e Clazômenas[323]; dentre

---

319. Φιλέλλην (*philéllēn*), este é o termo que Heródoto utiliza para se referir a Amásis. Convém ressaltar que é a primeira vez que encontramos esse vocábulo no texto de Heródoto. Igualmente, é interessante notar que, na crítica que Plutarco faz à narrativa herodotiana, o autor utiliza o termo φιλοβάρβαρος (*philobárbaros*), que significa "filobárbaro", ou "amigo do bárbaro", para caracterizar Heródoto em seu tratado *Da malícia de Heródoto*, 857A. Salientamos ainda que Plutarco registra esse termo justamente no momento em que começa a tecer suas críticas a Heródoto, pelas suas interpretações e afirmações sobre o contato dos helenos com os egípcios, nas quais enfatiza a influência decisiva dos egípcios na cultura helena.

320. Cidade localizada na embocadura do Canopo, no Delta do Nilo, na circunvizinhança da cidade de Alexandria. Náucratis era um importante entreposto comercial egípcio, cuja colonização havia sido feita pelos habitantes da cidade de Mileto, no século VII a.C., incentivados pelo faraó Psamético. Consultar os Capítulos 154 e 155 deste *Livro II*. Portanto, Amásis não é o precursor da colonização milésia no Egito, apenas dá continuidade ao que fora iniciado por Psamético. Convém ainda ressaltar que a cidade perdeu o seu posto de importante centro comercial após a mudança do curso do Rio Nilo pelo faraó Menes, no século V a.C.

321. Ilha situada ao sul da Hélade, no chamado Mar Egeu, também compunha a Liga Iônia.

322. Cidade que integrava a Liga Iônia, vizinha de Lêbedo, situada na Ásia Menor.

323. Cidade situada na Ásia Menor e que fazia parte da Liga Iônica, composta por doze cidades: Mileto; Mios; Priene (na Cária); Éfeso; Cólofon; Lêbedo; Teos; Clazômenas; Éritra; Foceia (na Lídia); e as ilhas de Quios e Samos (no Mar Egeu).

as dóricas, estão Rodes[324], Cnido[325], Halicarnasso[326], e Fasélis[327], enquanto dentre as eólicas, a única é a cidade de Mitilene[328]. E esse santuário é dessas cidades; também são essas cidades as que fornecem os dirigentes do seu local de comércio marítimo; enquanto as outras reivindicam participação, sem que lhes seja possível compartilhar nada do que elas reivindicam. E os eginetas, por si mesmos, construíram, em separado,

179. um santuário dedicado a Zeus; também os sâmios construíram outro santuário dedicado a Hera; e os milésios, um dedicado a Apolo. Antigamente, Náucratis era o único local de comércio marítimo do Egito. Se alguém chegasse a qualquer outra das embocaduras do Nilo, era preciso que fizesse o juramento de que não viera voluntariamente para lá e, depois de ter feito o seu juramento, navegava em sua própria embarcação em direção à embocadura Canópica[329]; ou, se não fosse possível navegar por ela por causa dos ventos contrários, as mercadorias deviam ser transferidas para as barcas egípcias, passando em torno do Delta, até onde se

324. A maior ilha helena do complexo ilhéu conhecido por Dodecaneso, situado no extremo leste do Mar Egeu, muito próxima à região da Ásia Menor. Embora o complexo seja conhecido como Dodecaneso, ele é composto por 163 ilhas, sendo 12 principais: Rodes; Cós; Astipaleia; Clímnos; Cárpatos; Cassos; Castelorizo; Leros; Nísiros; Patmos; Simi; e Tilos. A ilha de Rodes é a mais importante delas, com maior projeção histórica e econômica do complexo, muito famosa por abrigar o chamado Colosso de Rodes, uma gigantesca estátua do deus Apolo, considerada uma das Sete Maravilhas do Mundo Antigo, datada de 280 a.C., construída pelo escultor Cares de Lindo.

325. Cidade localizada na Ásia Menor, na região da Cária, próximo ao golfo de Cós.

326. Cidade localizada na Ásia Menor, colonizada pelos helenos de origem dórica.

327. Localizada na região da Lícia, a cidade era um porto situado no Golfo Panfílio.

328. Principal cidade da ilha helena de Lesbos, no Mar Egeu, e também a sua capital.

329. Umas das principais embocaduras do Rio Nilo, estava localizada na cidade de Náucratis.

alcançasse a cidade de Náucratis. Assim, de fato, Náucratis era uma cidade estimada.

180. E quando os anfictiões[330] contrataram quem completasse as obras do templo existente hoje em Delfos[331] por trezentos talentos (pois o que havia antes nesse mesmo lugar foi queimado por causas naturais) de fato, os delfos providenciaram a quarta parte do pagamento que foi fornecida. E os delfos vagaram, de cidade em cidade, pedindo doações e fizeram isso não recebendo menos contribuições do Egito; pois Amásis concedeu-lhes mil talentos de alume[332], e os helenos que habitavam no Egito doaram-lhes vinte minas.

181. E Amásis realizou uma aliança militar e de amizade com os habitantes de Cirene. E ainda desejou casar-se com uma mulher de lá, seja porque desejava uma mulher da raça helena, seja também de outro modo, por causa da sua amizade com o cireneus. Portanto, ele se casou, uns dizem que com uma filha de Bato, ou de Arcesilau, outros dizem que de Critobulo, um homem honrado dentre os cidadãos disse que o nome dela era Ladice. Amásis deitava-se com ela e não era capaz de ter relações sexuais com ela, mas tinha relações com outras mulheres. Visto que isso durou muito tempo, de fato, Amásis disse para esta mulher chamada Ladice: "Mulher, enfeitiçaste-me, e não existe nenhum artifício que não te faças morrer do modo mais terrível dentre todas as mulheres.". Mas Ladice, visto que Amásis recusava-a e em nada tornava mais agradável, fez uma promessa em pensamento para Afrodite[333]: se, por graça dela,

---

330. Os anfictiões estavam relacionados à deusa Deméter, a protetora da Anfictionia. Esta era a confederação dos povos vizinhos, composta pelo grupo dos anfictiões ou vizinhos.

331. Santuário heleno localizado aos pés do Monte Parnaso, considerado o umbigo do mundo, que abrigava o santuário de Apolo, famoso por seus oráculos.

332. Em grego, στυπτηρίη (*styptēríē*), uma substância adstringente, espécie de pedra-ume utilizada para proteger as construções do incêndio.

333. Deusa do amor, filha de Urano, nascida dos órgãos sexuais de seu pai, cortados por Crono, que caíram nas ondas do mar e que, em suas espumas, geraram Afrodite. Nas águas do mar, a deusa foi levada à ilha de Citera e, em seguida, a Cipro, ou Chipre.

durante aquela noite, Amásis tivesse relações sexuais com ela, pois esse era o remédio para o mal que ela sofria, ela enviaria uma estátua da deusa para Cirene. Depois disso, tão logo eles foram para o leito, Amásis teve relações sexuais com ela. E, desde então, quando Amásis aproximava-se de Ladice, ele tinha relações sexuais com a mulher e ficava muito apaixonado por ela depois disso. Ladice cumpriu sua promessa feita à deusa; depois de ter sido moldada uma estátua de Afrodite, ela a enviou para Cirene, onde, ainda em minha época, estava preservada e colocada do lado de fora da cidadela dos cireneus. Essa Ladice, quando Cambises subjugou o Egito e foi informado sobre quem ela era, enviou-a são e salva para Cirene.

182. E Amásis ainda dedicou oferendas sagradas na Hélade, ele enviou para Cirene uma estátua de Atena toda revestida de ouro e uma imagem pintada que representava a si mesmo, além disso, duas estátuas sagradas de pedra e uma couraça de linho digna de ser vista para o templo de Atena, em Lindo[334], e outras duas imagens de si mesmo talhadas em madeira para o templo de Hera, em Samos[335], as quais, ainda no meu tempo, estão erigidas no grande santuário, atrás de suas portas. Portanto, ele lhe dedicou as oferendas sagradas no templo de Samos pelos seus laços de hospitalidade com Polícrates[336], filho de Aiace, mas as oferendas sagradas enviadas para

---

334. Cidade situada em Rodes.

335. Ilha situada no Mar Egeu, localizada na costa da Ásia Menor, local em que muitas colônias helenas foram fundadas entre os séculos VII e VI a.C.; tais regiões foram habitadas por diversos povos helenos de origem iônica e eólica. Nesse mesmo período, os povos helenos da região da península do Peloponeso, em particular os espartanos e os coríntios, fundaram suas colônias, especialmente nos territórios da Península Itálica.

336. Tirano de Samos, morto em 523 a.C., Polícrates tornou-se famoso por ter construído o porto de Samos, o templo de Hera e um túnel que levava água para a sua cidade. Contudo, a prosperidade de Polícrates provocou a rivalidade do sátrapa Oretes, que o atacou e o destituiu do seu poder. O revés sofrido por Polícrates era motivo de máximas morais, que assinalavam a questão de quanto a vida é incerta, que ora podemos estar no auge, ora no mais total declínio, pois o tirano conheceu uma vida próspera e teve um fim trágico. É interessante que o mito do tirano mostra que Polícrates tinha consciência de sua elevada boa sorte, visto que um dia

o de Lindo não o foram por causa de nenhum laço de hospitalidade, porque o templo de Atena, em Lindo, diz-se, foi erigido pelas filhas de Dânao, depois de terem aportado na cidade, quando fugiam dos filhos de Egito[337]. E Amásis dedicou-lhe essas oferendas sagradas. E ele foi o primeiro dentre os homens a capturar a ilha de Cipro e a estabelecer que lhe fizessem o pagamento de um tributo.

---

atirou seu sinete ao mar, em uma tentativa de diminuir sua riqueza e poder, mas um peixe o trouxe de volta. A história de Polícrates remete-nos ao encontro de Creso com Sólon, relatado por Heródoto no *Livro I*, Capítulos 30 a 33, nos quais o autor destaca o pensamento soloniano sobre a relatividade da felicidade em vida.

337. Egito era irmão de Dânao. Este teve cinquenta filhas, conhecidas como Danaides, enquanto Egito teve cinquenta filhos. As filhas de Dânao fugiram com seu pai para que não fossem assassinadas por este seu tio, que usurpou o poder de Dânao no Egito.

Referências bibliográficas

Obras de referência

BOISACQ, E. *Dictionnaire etymologique de la langue grecque.* Heidelberg: C. Klinksieck, 1938.

BURGUIÈRE, A. *Dicionário das ciências históricas.* Tradução de Henrique de Araújo Mesquita. Rio de Janeiro: Bertrand Brasil, 1993.

GRIMAL, P. *Dicionário de Mitologia Grega e Romana.* Tradução de Victor Jabouille. Rio de Janeiro: Bertrand Brasil, 1993.

HARVEY, P. *Dicionário Oxford de Literatura Clássica.* Tradução de Mario da Gama Kury. Rio de Janeiro: Zahar, 1987.

HOWATSON, M. C. *Dizionario delle Letterature Classiche.* Torino: Einaudi, 1993.

LALOUP, J. *Dictionnaire de littérature grecque et latine.* Paris: Editions Universitaires, 1968.

LE GRAND Bailly. Dictionnaire grec francais. Rédigé avec les concours de E. Egger. Édition revue par L. Séchan e P. Chantraine. Paris: Hachette, 2000.

LIDDELL, H. G.; SCOTT, R. *Greek-English Lexicon (with a revised supplement).* Oxford: Clarendon Press, 1996.

MALHADAS, D.; DEZOTTI, M. C. C.; NEVES, M. H. de M. (Coords.). *Dicionário Grego-Português α-δ.* Cotia: C. Ateliê Editorial, 2006.

______. *Dicionário Grego-Português ε-ι.* Cotia: Ateliê Editorial, 2007.

______. *Dicionário Grego-Português κ-ο.* Cotia: Ateliê Editorial, 2008.

______. *Dicionário Grego-Português π-ρ.* Cotia: Ateliê Editorial, 2009.

______. *Dicionário Grego-Português σ-ω.* Cotia: Ateliê Editorial, 2010.

MORKOT, R. *Historical Atlas of Ancient Greece.* London: Penguin, 1996.

PARIS, P. *Lexique des antiquites grecques: ouvrage illustree de planches et de nombreaux dessins inedits.* Paris: Fontemoing, 1909.

PRIETO, M. H. T. C. U.; PRIETO, J. M. T. C. U.; PENA, A. N. *Índices de nomes próprios gregos e latinos.* Lisboa: Fundação Calouste Gulbenkian, 1995.

ROCCI, L. *Vocabolario greco italiano.* Trentasenttezima edizione. Roma: Società Editrice Dante Alighieri, 1993.

Edições e Traduções

ARISTOTELIS. *De arte poetica liber*. Edited by R. Kassel. Oxford: Clarendon Press, 1965.

HERÓDOTO. *Historia. Libro II Euterpe*. Introducción de Francisco R. Adrados. Traducción y notas de Carlos Schrader. Madrid: Editorial Gredos, 1992.

HERODOTUS. *The persian wars*. Books I-II. Translated by Anthony D. Godley. Cambridge/Massachusetts/London: Harvard University Press, 1981.

PLUTARCO. *Da malícia de Heródoto*. Estudo, tradução e notas de Maria Aparecida de Oliveira Silva. São Paulo: Edusp/ Fapesp, 2013.

Livros e Artigos

DEMONT, P. "Figures of inquiry in Herodotus's 'inquiries'". *Mnemosyne*, v. 62, fasc. 2, 2009. p. 179-205.

FERRILL, A. "Herodotus on tyranny". In: *Historia: zeitschrift für alte geschichte*. Bd. 27, H. 3, 1978. p. 385-398.

JAMBON, E. "Calendrier et prodiges. Remarque sur la divination égyptienne d'après Hérodote II, 82". In: COULON, L.; GIOVANNELLI-JOUNNA, P.; KIMMEL-CLAUZET, F. *Hérodote et l'Egypte. Regards croisés sur le Livre II de l'enquête d' Hérodote*. Lyon: Collection de La Maison de l'Orient et de la Méditerranée 51, 2013. p. 145-166.

KIMMEL-CLAUZET, F. "La Composition du Livre II de l'*enquête*". In: COULON, L.; GIOVANNELLI-JOUNNA, P.; KIMMEL-CLAUZET, F. *Op. cit.*, p. 17-44.

LURAGHI, N. "Local knowledge in Herodotu's *histories*". In: LURAGHI, N. (Ed.) *The historians craft in the age of Herodotus*. Oxford: University Oxford Press, 2002. p. 138-160.

MANSOUR, K. "Langue et poétique d'Hérodote dans le Livre II de l'*enquête*. Étude de syntax stylistique". In: COULON, L.; GIOVANNELLI-JOUNNA, P.; KIMMEL-CLAUZET, F. *Op. cit.*, p. 45-61.

MOYER, I. S. "Herodotus and an egyptian mirage: the genealogies of the Theban Priests". *The Journal of Hellenic Studies*, v. 122, 2002. p. 70-90.

MURRAY, O. "Herodotus and oral history". In: LURAGHI, N. (Ed.). *Op. cit.*, p. 16-44.

PAYEN, P. "Discours historique et structures narratives chez Hérodote". *Annales. Histoire, Sciences Sociales*, 45 e Année, n. 3, 1990. p. 527-550.

QUACK, Fr. J. "Quelques apports récents des études démotique à la compréhension du Livre II d'Hérodote". In: COULON, L.; GIOVANNELLI-JOUNNA, P.; KIMMEL-CLAUZET, F. *Op. cit.*, p. 65-88.

______. "Herodot, strabo und die pallakide von Theben". In: SCHEER, T. und LINDNER, M. (Eds.). *Tempelprostitution im altertum: fakten und fiktionen*. Berlin: Oikumene, 2009. p. 154-186.

Índice onomástico